BULGAARS

WOORDENSCHAT

THEMATISCHE WOORDENLIJST

NEDERLANDS
BULGAARS

De meest bruikbare woorden
Om uw woordenschat uit te breiden en
uw taalvaardigheid aan te scherpen

7000 woorden

Thematische woordenschat Nederlands-Bulgaars - 7000 woorden

Door Andrey Taranov

Woordenlijsten van T&P Books zijn bedoeld om u woorden van een vreemde taal te helpen leren, onthouden, en bestudering. Dit woordenboek is ingedeeld in thema's en behandelt alle belangrijk terreinen van het dagelijkse leven, bedrijven, wetenschap, cultuur, etc.

Het proces van het leren van woorden met behulp van de op thema's gebaseerde aanpak van T&P Books biedt u de volgende voordelen:

- Correct gegroepeerde informatie is bepalend voor succes bij opeenvolgende stadia van het leren van woorden
- De beschikbaarheid van woorden die van dezelfde stam zijn maakt het mogelijk om woordgroepen te onthouden (in plaats van losse woorden)
- Kleine groepen van woorden faciliteren het proces van het aanmaken van associatieve verbindingen, die nodig zijn bij het consolideren van de woordenschat
- Het niveau van talenkennis kan worden ingeschat door het aantal geleerde woorden

T&P Books Publishing
www.tpbooks.com

ISBN: 978-1-78492-303-7

Dit boek is ook beschikbaar in e-boek formaat.
Gelieve www.tpbooks.com te bezoeken of de belangrijkste online boekwinkels.

BULGAARSE WOORDENSCHAT
nieuwe woorden leren

T&P Books woordenlijsten zijn bedoeld om u te helpen vreemde woorden te leren, te onthouden, en te bestuderen. De woordenschat bevat meer dan 7000 veel gebruikte woorden die thematisch geordend zijn.

- De woordenlijst bevat de meest gebruikte woorden
- Aanbevolen als aanvulling bij welke taalcursus dan ook
- Voldoet aan de behoeften van de beginnende en gevorderde student in vreemde talen
- Geschikt voor dagelijks gebruik, bestudering en zelftestactiviteiten
- Maakt het mogelijk om uw woordenschat te evalueren

Bijzondere kenmerken van de woordenschat

- De woorden zijn gerangschikt naar hun betekenis, niet volgens alfabet
- De woorden worden weergegeven in drie kolommen om bestudering en zelftesten te vergemakkelijken
- Woorden in groepen worden verdeeld in kleine blokken om het leerproces te vergemakkelijken
- De woordenschat biedt een handige en eenvoudige beschrijving van elk buitenlands woord

De woordenschat bevat 198 onderwerpen zoals:

Basisconcepten, getallen, kleuren, maanden, seizoenen, meeteenheden, kleding en accessoires, eten & voeding, restaurant, familieleden, verwanten, karakter, gevoelens, emoties, ziekten, stad, dorp, bezienswaardigheden, winkelen, geld, huis, thuis, kantoor, werken op kantoor, import & export, marketing, werk zoeken, sport, onderwijs, computer, internet, gereedschap, natuur, landen, nationaliteiten en meer ...

INHOUDSOPGAVE

UITSPRAAKGIDS

T&P fonetisch alfabet	Bulgaars voorbeeld	Nederlands voorbeeld
[a]	сладък [sládək]	acht
[e]	череша [tʃeréʃa]	delen, spreken
[i]	килим [kilím]	bidden, tint
[o]	отломка [otlómka]	overeenkomst
[u]	улуча [ulútʃa]	hoed, doe
[ə]	въже [vəʒé]	De sjwa, 'doffe e'
[ja], [ʲa]	вечеря [vetʃérʲa]	januari, gedetailleerd
[ʲu]	ключ [klʲutʃ]	jullie, aquarium
[ʲo]	фризьор [frizʲór]	New York, jongen
[ja], [ʲa]	история [istórija]	januari, gedetailleerd
[b]	събота [sébota]	hebben
[d]	пладне [pládne]	Dank u, honderd
[f]	парфюм [parfʲúm]	feestdag, informeren
[g]	гараж [garáʒ]	goal, tango
[ʒ]	мрежа [mréʒa]	journalist, rouge
[j]	двубой [dvubój]	New York, januari
[h]	храбър [hrábər]	het, herhalen
[k]	колело [koleló]	kennen, kleur
[l]	паралел [paralél]	delen, luchter
[m]	мяукам [mʲaúkam]	morgen, etmaal
[n]	фонтан [fontán]	nemen, zonder
[p]	пушек [púʃek]	parallel, koper
[r]	крепост [krépost]	roepen, breken
[s]	каса [kása]	spreken, kosten
[t]	тютюн [tʲutʲún]	tomaat, taart
[v]	завивам [zavívam]	beloven, schrijven
[ts]	църква [tsérkva]	niets, plaats
[ʃ]	шапка [ʃápka]	shampoo, machine
[tʃ]	чорапи [tʃorápi]	Tsjechië, cello
[w]	уиски [wíski]	twee, willen
[z]	зарзават [zarzavát]	zeven, zesde

AFKORTINGEN
gebruikt in de woordenschat

Nederlandse afkortingen

abn	-	als bijvoeglijk naamwoord
bijv.	-	bijvoorbeeld
bn	-	bijvoeglijk naamwoord
bw	-	bijwoord
enk.	-	enkelvoud
enz.	-	enzovoort
form.	-	formele taal
inform.	-	informele taal
mann.	-	mannelijk
mil.	-	militair
mv.	-	meervoud
on.ww.	-	onovergankelijk werkwoord
ontelb.	-	ontelbaar
ov.	-	over
ov.ww.	-	overgankelijk werkwoord
telb.	-	telbaar
vn	-	voornaamwoord
vrouw.	-	vrouwelijk
vw	-	voegwoord
vz	-	voorzetsel
wisk.	-	wiskunde
ww	-	werkwoord

Nederlandse artikelen

de	-	gemeenschappelijk geslacht
de/het	-	gemeenschappelijk geslacht, onzijdig
het	-	onzijdig

Bulgaarse afkortingen

ж	-	vrouwelijk zelfstandig naamwoord
ж мн	-	vrouwelijk meervoud
м	-	mannelijk zelfstandig naamwoord
м мн	-	mannelijk meervoud
м, ж	-	mannelijk, vrouwelijk

11

мн	-	meervoud
с	-	onzijdig
с мн	-	onzijdig meervoud

BASISBEGRIPPEN

Basisbegrippen Deel 1

1. Voornaamwoorden

ik	аз	[az]
jij, je	ти	[ti]
hij	той	[toj]
zij, ze	тя	[tʲa]
het	то	[to]
wij, we	ние	[níe]
jullie	вие	[víe]
zij, ze	те	[te]

2. Begroetingen. Begroetingen. Afscheid

Hallo! Dag!	Здравей!	[zdravéj]
Hallo!	Здравейте!	[zdravéjte]
Goedemorgen!	Добро утро!	[dobró útro]
Goedemiddag!	Добър ден!	[dóbər den]
Goedenavond!	Добър вечер!	[dóbər vétʃer]
gedag zeggen (groeten)	поздравявам	[pozdravʲávam]
Hoi!	Здрасти!	[zdrásti]
groeten (het)	поздрав (м)	[pózdrav]
verwelkomen (ww)	приветствувам	[privétstvuvam]
Hoe gaat het?	Как си?	[kak si]
Is er nog nieuws?	Какво ново?	[kakvó nóvo]
Dag! Tot ziens!	Довиждане!	[dovíʒdane]
Tot snel! Tot ziens!	До скора среща!	[do skóra sréʃta]
Vaarwel!	Сбогом!	[zbógom]
afscheid nemen (ww)	сбогувам се	[sbogúvam se]
Tot kijk!	До скоро!	[do skóro]
Dank u!	Благодаря!	[blagodarʲá]
Dank u wel!	Много благодаря!	[mnógo blagodarʲá]
Graag gedaan	Моля.	[mólʲa]
Geen dank!	Няма нищо.	[nʲáma níʃto]
Geen moeite.	Няма за какво.	[nʲáma za kakvó]
Excuseer me, ... (inform.)	Извинявай!	[izvinʲávaj]
Excuseer me, ... (form.)	Извинявайте!	[izvinʲávajte]
excuseren (verontschuldigen)	извинявам	[izvinʲávam]

zich verontschuldigen	извинявам се	[izvinʲávam se]
Mijn excuses.	Моите извинения.	[móite izvinénija]
Het spijt me!	Прощавайте!	[proʃtávajte]
alsjeblieft	моля	[mólʲa]

Vergeet het niet!	Не забравяйте!	[ne zabrávʲajte]
Natuurlijk!	Разбира се!	[razbíra se]
Natuurlijk niet!	Разбира се, не!	[razbíra se ne]
Akkoord!	Съгласен!	[səglásen]
Zo is het genoeg!	Стига!	[stíga]

3. Kardinale getallen. Deel 1

nul	нула (ж)	[núla]
een	едно	[ednó]
twee	две	[dve]
drie	три	[tri]
vier	четири	[tʃétiri]

vijf	пет	[pet]
zes	шест	[ʃest]
zeven	седем	[sédem]
acht	осем	[ósem]
negen	девет	[dévet]

tien	десет	[déset]
elf	единадесет	[edinádeset]
twaalf	дванадесет	[dvanádeset]
dertien	тринадесет	[trinádeset]
veertien	четиринадесет	[tʃetirinádeset]

vijftien	петнадесет	[petnádeset]
zestien	шестнадесет	[ʃesnádeset]
zeventien	седемнадесет	[sedemnádeset]
achttien	осемнадесет	[osemnádeset]
negentien	деветнадесет	[devetnádeset]

twintig	двадесет	[dvádeset]
eenentwintig	двадесет и едно	[dvádeset i ednó]
tweeëntwintig	двадесет и две	[dvádeset i dve]
drieëntwintig	двадесет и три	[dvádeset i tri]

dertig	тридесет	[trídeset]
eenendertig	тридесет и едно	[trídeset i ednó]
tweeëndertig	тридесет и две	[trídeset i dve]
drieëndertig	тридесет и три	[trídeset i tri]

veertig	четиридесет	[tʃetírideset]
eenenveertig	четиридесет и едно	[tʃetírideset i ednó]
tweeënveertig	четиридесет и две	[tʃetírideset i dve]
drieënveertig	четиридесет и три	[tʃetírideset i tri]

| vijftig | петдесет | [petdesét] |
| eenenvijftig | петдесет и едно | [petdesét i ednó] |

| tweeënvijftig | петдесет и две | [petdesét i dve] |
| drieënvijftig | петдесет и три | [petdesét i tri] |

zestig	шестдесет	[ʃestdesét]
eenenzestig	шестдесет и едно	[ʃestdesét i ednó]
tweeënzestig	шестдесет и две	[ʃestdesét i dve]
drieënzestig	шестдесет и три	[ʃestdesét i tri]

zeventig	седемдесет	[sedemdesét]
eenenzeventig	седемдесет и едно	[sedemdesét i ednó]
tweeënzeventig	седемдесет и две	[sedemdesét i dve]
drieënzeventig	седемдесет и три	[sedemdesét i tri]

tachtig	осемдесет	[osemdesét]
eenentachtig	осемдесет и едно	[osemdesét i ednó]
tweeëntachtig	осемдесет и две	[osemdesét i dve]
drieëntachtig	осемдесет и три	[osemdesét i tri]

negentig	деветдесет	[devetdesét]
eenennegentig	деветдесет и едно	[devetdesét i ednó]
tweeënnegentig	деветдесет и две	[devetdesét i dve]
drieënnegentig	деветдесет и три	[devetdesét i tri]

4. Kardinale getallen. Deel 2

honderd	сто	[sto]
tweehonderd	двеста	[dvésta]
driehonderd	триста	[trísta]
vierhonderd	четиристотин	[tʃétiri·stótin]
vijfhonderd	петстотин	[pét·stótin]

zeshonderd	шестстотин	[ʃést·stótin]
zevenhonderd	седемстотин	[sédem·stótin]
achthonderd	осемстотин	[ósem·stótin]
negenhonderd	деветстотин	[dévet·stótin]

duizend	хиляда (ж)	[hiɫáda]
tweeduizend	две хиляди	[dve híɫadi]
drieduizend	три хиляди	[tri híɫadi]
tienduizend	десет хиляди	[déset híɫadi]
honderdduizend	сто хиляди	[sto híɫadi]
miljoen (het)	милион (м)	[milión]
miljard (het)	милиард (м)	[miliárt]

5. Getallen. Breuken

breukgetal (het)	дроб (м)	[drop]
half	една втора	[edná ftóra]
een derde	една трета	[edná tréta]
kwart	една четвърта	[edná tʃetvárta]
een achtste	една осма	[edná ósma]
een tiende	една десета	[edná deséta]

| twee derde | две трети | [dve tréti] |
| driekwart | три четвърти | [tri ʧetvérti] |

6. Getallen. Eenvoudige berekeningen

aftrekking (de)	изваждане (c)	[izváʒdane]
aftrekken (ww)	изваждам	[izváʒdam]
deling (de)	деление (c)	[delénie]
delen (ww)	деля	[delʲá]
optelling (de)	събиране (c)	[səbírane]
erbij optellen	събера	[səberá]
(bij elkaar voegen)		
optellen (ww)	прибавям	[pribávʲam]
vermenigvuldiging (de)	умножение (c)	[umnoʒénie]
vermenigvuldigen (ww)	умножавам	[umnoʒávam]

7. Getallen. Diversen

cijfer (het)	цифра (ж)	[tsífra]
nummer (het)	число (c)	[ʧisló]
telwoord (het)	числително име (c)	[ʧislítelno íme]
minteken (het)	минус (м)	[mínus]
plusteken (het)	плюс (м)	[plʲus]
formule (de)	формула (ж)	[fórmula]
berekening (de)	изчисление (c)	[isʧislénie]
tellen (ww)	броя	[brojá]
bijrekenen (ww)	преброявам	[prebrojávam]
vergelijken (ww)	сравнявам	[sravnʲávam]
Hoeveel?	Колко?	[kólko]
som (de), totaal (het)	сума (ж)	[súma]
uitkomst (de)	резултат (м)	[rezultát]
rest (de)	остатък (м)	[ostátək]
enkele (bijv. ~ minuten)	няколко	[nʲákolko]
weinig (bw)	малко ...	[málko]
restant (het)	остатък (м)	[ostátək]
anderhalf	един и половина	[edín i polovína]
dozijn (het)	дузина (ж)	[duzína]
middendoor (bw)	наполовина	[napolovína]
even (bw)	поравно	[porávno]
helft (de)	половина (ж)	[polovína]
keer (de)	път (м)	[pət]

8. De belangrijkste werkwoorden. Deel 1

| aanbevelen (ww) | съветвам | [səvétvam] |
| aandringen (ww) | настоявам | [nastojávam] |

aankomen (per auto, enz.)	пристигам	[pristígam]
aanraken (ww)	пипам	[pípam]
adviseren (ww)	съветвам	[sevétvam]

afdalen (on.ww.)	слизам	[slízam]
afslaan (naar rechts ~)	завивам	[zavívam]
antwoorden (ww)	отговарям	[otgovárʲam]
bang zijn (ww)	страхувам се	[strahúvam se]
bedreigen (bijv. met een pistool)	заплашвам	[zaplá∫vam]

bedriegen (ww)	лъжа	[léʒa]
beëindigen (ww)	приключвам	[priklʲút∫vam]
beginnen (ww)	започвам	[zapót∫vam]
begrijpen (ww)	разбирам	[razbíram]
beheren (managen)	ръководя	[rekovódʲa]

beledigen (met scheldwoorden)	оскърбявам	[oskerbʲávam]
beloven (ww)	обещавам	[obe∫távam]
bereiden (koken)	готвя	[gótvʲa]
bespreken (spreken over)	обсъждам	[obséʒdam]

bestellen (eten ~)	поръчвам	[porét∫vam]
bestraffen (een stout kind ~)	наказвам	[nakázvam]
betalen (ww)	плащам	[plá∫tam]
betekenen (beduiden)	означавам	[oznat∫ávam]
betreuren (ww)	съжалявам	[seʒalʲávam]

bevallen (prettig vinden)	харесвам	[harésvam]
bevelen (mil.)	заповядвам	[zapovʲádvam]
bevrijden (stad, enz.)	освобождавам	[osvoboʒdávam]
bewaren (ww)	съхранявам	[sehranʲávam]
bezitten (ww)	владея	[vladéja]

bidden (praten met God)	моля се	[mólʲa se]
binnengaan (een kamer ~)	влизам	[vlízam]
breken (ww)	чупя	[t∫úpʲa]
controleren (ww)	контролирам	[kontrolíram]
creëren (ww)	създам	[sezdám]

deelnemen (ww)	участвам	[ut∫ástvam]
denken (ww)	мисля	[míslʲa]
doden (ww)	убивам	[ubívam]
doen (ww)	правя	[právʲa]
dorst hebben (ww)	искам да пия	[ískam da píja]

9. De belangrijkste werkwoorden. Deel 2

een hint geven	намеквам	[namékvam]
eisen (met klem vragen)	изисквам	[izískvam]
excuseren (vergeven)	извинявам	[izvinʲávam]
existeren (bestaan)	съществувам	[se∫testvúvam]
gaan (te voet)	вървя	[vervʲá]

gaan zitten (ww)	сядам	[sʲádam]
gaan zwemmen	къпя се	[kέpʲa se]
geven (ww)	давам	[dávam]
glimlachen (ww)	усмихвам се	[usmíhvam se]
goed raden (ww)	отгатна	[otgátna]
grappen maken (ww)	шегувам се	[ʃegúvam se]
graven (ww)	ровя	[róvʲa]
hebben (ww)	имам	[ímam]
helpen (ww)	помагам	[pomágam]
herhalen (opnieuw zeggen)	повтарям	[poftárʲam]
honger hebben (ww)	искам да ям	[ískam da jam]
hopen (ww)	надявам се	[nadʲávam se]
horen	чувам	[ʧúvam]
(waarnemen met het oor)		
huilen (wenen)	плача	[pláʧa]
huren (huis, kamer)	наемам	[naémam]
informeren (informatie geven)	информирам	[informíram]
instemmen (akkoord gaan)	съгласявам се	[səglasʲávam se]
jagen (ww)	ловувам	[lovúvam]
kennen (kennis hebben van iemand)	познавам	[poznávam]
kiezen (ww)	избирам	[izbíram]
klagen (ww)	оплаквам се	[oplákvam se]
kosten (ww)	струвам	[strúvam]
kunnen (ww)	мога	[móga]
lachen (ww)	смея се	[sméja se]
laten vallen (ww)	изтървавам	[istərvávam]
lezen (ww)	чета	[ʧeta]
liefhebben (ww)	обичам	[obíʧam]
lunchen (ww)	обядвам	[obʲádvam]
nemen (ww)	взимам	[vzímam]
nodig zijn (ww)	трябвам	[trʲábvam]

10. De belangrijkste werkwoorden. Deel 3

onderschatten (ww)	недооценявам	[nedootsenʲávam]
ondertekenen (ww)	подписвам	[potpísvam]
ontbijten (ww)	закусвам	[zakúsvam]
openen (ww)	отварям	[otvárʲam]
ophouden (ww)	прекратявам	[prekratʲávam]
opmerken (zien)	забелязвам	[zabelʲázvam]
opscheppen (ww)	хваля се	[hválʲa se]
opschrijven (ww)	записвам	[zapísvam]
plannen (ww)	планирам	[planíram]
prefereren (verkiezen)	предпочитам	[pretpoʧítam]
proberen (trachten)	опитвам се	[opítvam se]
redden (ww)	спасявам	[spasʲávam]

rekenen op ...	разчитам на ...	[rastʃítam na]
rennen (ww)	бягам	[bʲágam]
reserveren	резервирам	[rezervíram]
(een hotelkamer ~)		
roepen (om hulp)	викам	[víkam]
schieten (ww)	стрелям	[strélʲam]
schreeuwen (ww)	викам	[víkam]

schrijven (ww)	пиша	[píʃa]
souperen (ww)	вечерям	[vetʃérʲam]
spelen (kinderen)	играя	[igrája]
spreken (ww)	говоря	[govórʲa]
stelen (ww)	крада	[kradá]
stoppen (pauzeren)	спирам се	[spíram se]

studeren (Nederlands ~)	изучавам	[izutʃávam]
sturen (zenden)	изпращам	[ispráʃtam]
tellen (optellen)	броя	[brojá]
toebehoren aan ...	принадлежа ...	[prinadleʒá]
toestaan (ww)	разрешавам	[razreʃávam]
tonen (ww)	показвам	[pokázvam]

twijfelen (onzeker zijn)	съмнявам се	[səmnʲávam se]
uitgaan (ww)	излизам	[izlízam]
uitnodigen (ww)	каня	[kánʲa]
uitspreken (ww)	произнасям	[proiznásʲam]
uitvaren tegen (ww)	ругая	[rugája]

11. De belangrijkste werkwoorden. Deel 4

vallen (ww)	падам	[pádam]
vangen (ww)	ловя	[lovʲá]
veranderen (anders maken)	сменям	[sménʲam]
verbaasd zijn (ww)	удивлявам се	[udivlʲávam se]
verbergen (ww)	крия	[kríja]

verdedigen (je land ~)	защитавам	[zaʃtitávam]
verenigen (ww)	обединявам	[obedinʲávam]
vergelijken (ww)	сравнявам	[sravnʲávam]
vergeten (ww)	забравям	[zabrávʲam]
vergeven (ww)	прощавам	[proʃtávam]

verklaren (uitleggen)	обяснявам	[obʲasnʲávam]
verkopen (per stuk ~)	продавам	[prodávam]
vermelden (praten over)	споменавам	[spomenávam]
versieren (decoreren)	украсявам	[ukrasʲávam]
vertalen (ww)	превеждам	[prevéʒdam]

vertrouwen (ww)	доверявам	[doverʲávam]
vervolgen (ww)	продължавам	[prodəlʒávam]
verwarren (met elkaar ~)	обърквам	[obérkvam]
verzoeken (ww)	моля	[mólʲa]
verzuimen (school, enz.)	пропускам	[propúskam]
vinden (ww)	намирам	[namíram]

19

vliegen (ww)	летя	[let'á]
volgen (ww)	вървя след ...	[varv'á slet]
voorstellen (ww)	предлагам	[predlágam]
voorzien (verwachten)	предвиждам	[predvíӡdam]
vragen (ww)	питам	[pítam]

waarnemen (ww)	наблюдавам	[nabl'udávam]
waarschuwen (ww)	предупреждавам	[predupreӡdávam]
wachten (ww)	чакам	[tʃákam]
weerspreken (ww)	възразявам	[vəzraz'ávam]
weigeren (ww)	отказвам се	[otkázvam se]

werken (ww)	работя	[rabót'a]
weten (ww)	знам	[znam]
willen (verlangen)	искам	[ískam]
zeggen (ww)	кажа	[káӡa]
zich haasten (ww)	бързам	[bérzam]

zich interesseren voor ...	интересувам се	[interesúvam se]
zich vergissen (ww)	греша	[greʃá]
zien (ww)	виждам	[víӡdam]

zoeken (ww)	търся	[térs'a]
zwemmen (ww)	плувам	[plúvam]
zwijgen (ww)	мълча	[məltʃá]

12. Kleuren

kleur (de)	цвят (м)	[tsv'at]
tint (de)	оттенък (м)	[otténək]
kleurnuance (de)	тон (м)	[ton]
regenboog (de)	небесна дъга (ж)	[nebésna dəgá]

wit (bn)	бял	[b'al]
zwart (bn)	черен	[tʃéren]
grijs (bn)	сив	[siv]

groen (bn)	зелен	[zelén]
geel (bn)	жълт	[ӡəlt]
rood (bn)	червен	[tʃervén]

blauw (bn)	син	[sin]
lichtblauw (bn)	небесносин	[nebesnosín]
roze (bn)	розов	[rózov]
oranje (bn)	оранжев	[oránӡev]
violet (bn)	виолетов	[violétov]
bruin (bn)	кафяв	[kaf'áv]

| goud (bn) | златен | [zláten] |
| zilverkleurig (bn) | сребрист | [srebríst] |

beige (bn)	бежов	[béӡov]
roomkleurig (bn)	кремав	[krémaf]
turkoois (bn)	тюркоазен	[t'urkoázen]

kersrood (bn)	вишнев	[víʃnev]
lila (bn)	лилав	[liláf]
karmijnrood (bn)	малинов	[malínov]

licht (bn)	светъл	[svétəl]
donker (bn)	тъмен	[támen]
fel (bn)	ярък	[járək]

kleur-, kleurig (bn)	цветен	[tsvéten]
kleuren- (abn)	цветен	[tsvéten]
zwart-wit (bn)	черно-бял	[tʃérno-bʲal]
eenkleurig (bn)	едноцветен	[edno·tsvéten]
veelkleurig (bn)	многоцветен	[mnogo·tsvéten]

13. Vragen

Wie?	Кой?	[koj]
Wat?	Какво?	[kakvó]
Waar?	Къде?	[kədé]
Waarheen?	Къде?	[kədé]
Waarvandaan?	Откъде?	[otkədé]
Wanneer?	Кога?	[kogá]
Waarom?	За какво?	[za kakvó]
Waarom?	Защо?	[zaʃtó]

Waarvoor dan ook?	За какво?	[za kakvó]
Hoe?	Как?	[kak]
Welk?	Кой?	[koj]

Aan wie?	На кого?	[na kogó]
Over wie?	За кого?	[za kogó]
Waarover?	За какво?	[za kakvó]
Met wie?	С кого?	[s kogó]

| Hoeveel? | Колко? | [kólko] |
| Van wie? (mann.) | Чий? | [tʃij] |

14. Functiewoorden. Bijwoorden. Deel 1

Waar?	Къде?	[kədé]
hier (bw)	тук	[tuk]
daar (bw)	там	[tam]

| ergens (bw) | някъде | [nʲákəde] |
| nergens (bw) | никъде | [níkəde] |

| bij ... (in de buurt) | до ... | [do] |
| bij het raam | до прозореца | [do prozóretsa] |

Waarheen?	Къде?	[kədé]
hierheen (bw)	тук	[tuk]
daarheen (bw)	нататък	[natátək]

| hiervandaan (bw) | оттук | [ottúk] |
| daarvandaan (bw) | оттам | [ottám] |

| dichtbij (bw) | близо | [blízo] |
| ver (bw) | далече | [dalétʃe] |

in de buurt (van ...)	до	[do]
dichtbij (bw)	редом	[rédom]
niet ver (bw)	недалече	[nedalétʃe]

linker (bn)	ляв	[lʲav]
links (bw)	отляво	[otlʲávo]
linksaf, naar links (bw)	вляво	[vlʲávo]

rechter (bn)	десен	[désen]
rechts (bw)	отдясно	[otdʲásno]
rechtsaf, naar rechts (bw)	вдясно	[vdʲásno]

vooraan (bw)	отпред	[otprét]
voorste (bn)	преден	[préden]
vooruit (bw)	напред	[naprét]

achter (bw)	отзад	[otzát]
van achteren (bw)	отзад	[otzát]
achteruit (naar achteren)	назад	[nazát]

| midden (het) | среда (ж) | [sredá] |
| in het midden (bw) | по средата | [po sredáta] |

opzij (bw)	встрани	[fstraní]
overal (bw)	навсякъде	[nafsʲákəde]
omheen (bw)	наоколо	[naókolo]

binnenuit (bw)	отвътре	[otvétre]
naar ergens (bw)	някъде	[nʲákəde]
rechtdoor (bw)	направо	[naprávo]
terug (bijv. ~ komen)	обратно	[obrátno]

| ergens vandaan (bw) | откъдето и да е | [otkədéto i da e] |
| ergens vandaan (en dit geld moet ~ komen) | отнякъде | [otnʲákəde] |

ten eerste (bw)	първо	[pérvo]
ten tweede (bw)	второ	[ftóro]
ten derde (bw)	трето	[tréto]

plotseling (bw)	изведнъж	[izvednéʃ]
in het begin (bw)	в началото	[f natʃáloto]
voor de eerste keer (bw)	за пръв път	[za prəv pét]
lang voor ... (bw)	много време преди ...	[mnógo vréme predí]
opnieuw (bw)	наново	[nanóvo]
voor eeuwig (bw)	завинаги	[zavínagi]

nooit (bw)	никога	[níkoga]
weer (bw)	пак	[pak]
nu (bw)	сега	[segá]

vaak (bw)	често	[ʧésto]
toen (bw)	тогава	[togáva]
urgent (bw)	срочно	[srótʃno]
meestal (bw)	обикновено	[obiknovéno]

trouwens, … (tussen haakjes)	между другото …	[méʒdu drúgoto]
mogelijk (bw)	възможно	[vəzmóʒno]
waarschijnlijk (bw)	вероятно	[verojátno]
misschien (bw)	може би	[móʒe bi]
trouwens (bw)	освен това, …	[osvén tová]
daarom …	затова	[zatová]
in weerwil van …	въпреки че …	[vépreki ʧe]
dankzij …	благодарение на …	[blagodarénie na]

wat (vn)	какво	[kakvó]
dat (vw)	че	[ʧe]
iets (vn)	нещо	[néʃto]
iets	нещо	[néʃto]
niets (vn)	нищо	[níʃto]

wie (~ is daar?)	кой	[koj]
iemand (een onbekende)	някой	[nʲákoj]
iemand (een bepaald persoon)	някой	[nʲákoj]

niemand (vn)	никой	[níkoj]
nergens (bw)	никъде	[níkəde]
niemands (bn)	ничий	[nítʃij]
iemands (bn)	нечий	[nétʃij]

zo (Ik ben ~ blij)	така	[taká]
ook (evenals)	също така	[séʃto taká]
alsook (eveneens)	също	[séʃto]

15. Functiewoorden. Bijwoorden. Deel 2

Waarom?	Защо?	[zaʃtó]
om een bepaalde reden	кой знае защо	[koj znáe zaʃtó]
omdat …	защото …	[zaʃtóto]
voor een bepaald doel	кой знае защо	[koj znáe zaʃtó]

en (vw)	и	[i]
of (vw)	или	[ilí]
maar (vw)	но	[no]
voor (vz)	за	[za]

te (~ veel mensen)	прекалено	[prekaléno]
alleen (bw)	само	[sámo]
precies (bw)	точно	[tótʃno]
ongeveer (~ 10 kg)	около	[ókolo]

| omstreeks (bw) | приблизително | [priblizítelno] |
| bij benadering (bn) | приблизителен | [priblizítelen] |

| bijna (bw) | почти | [potʃtí] |
| rest (de) | остатък (м) | [ostátək] |

de andere (tweede)	друг	[druk]
ander (bn)	друг	[druk]
elk (bn)	всеки	[fséki]
om het even welk	всеки	[fséki]
veel (grote hoeveelheid)	много	[mnógo]
veel mensen	много	[mnógo]
iedereen (alle personen)	всички	[fsítʃki]

in ruil voor ...	в обмяна на ...	[v obmʲána na]
in ruil (bw)	в замяна	[v zamʲána]
met de hand (bw)	ръчно	[rə́tʃno]
onwaarschijnlijk (bw)	едва ли	[edvá li]

waarschijnlijk (bw)	вероятно	[verojátno]
met opzet (bw)	специално	[spetsiálno]
toevallig (bw)	случайно	[slutʃájno]

zeer (bw)	много	[mnógo]
bijvoorbeeld (bw)	например	[naprímer]
tussen (~ twee steden)	между	[meʒdú]
tussen (te midden van)	сред	[sret]
zoveel (bw)	толкова	[tólkova]
vooral (bw)	особено	[osóbeno]

Basisbegrippen Deel 2

16. Dagen van de week

maandag (de)	понеделник (м)	[ponedélnik]
dinsdag (de)	вторник (м)	[ftórnik]
woensdag (de)	сряда (ж)	[srʲáda]
donderdag (de)	четвъртък (м)	[tʃetvértək]
vrijdag (de)	петък (м)	[pétək]
zaterdag (de)	събота (ж)	[sábota]
zondag (de)	неделя (ж)	[nedélʲa]
vandaag (bw)	днес	[dnes]
morgen (bw)	утре	[útre]
overmorgen (bw)	вдругиден	[vdrugidén]
gisteren (bw)	вчера	[vtʃéra]
eergisteren (bw)	завчера	[závtʃera]
dag (de)	ден (м)	[den]
werkdag (de)	работен ден (м)	[rabóten den]
feestdag (de)	празничен ден (м)	[práznitʃen den]
verlofdag (de)	почивен ден (м)	[potʃíven dén]
weekend (het)	почивни дни (м мн)	[potʃívni dni]
de hele dag (bw)	цял ден	[tsʲal den]
de volgende dag (bw)	на следващия ден	[na slédvaʃtija den]
twee dagen geleden	преди два дена	[predí dva déna]
aan de vooravond (bw)	в навечерието	[v navetʃérieto]
dag-, dagelijks (bn)	всекидневен	[fsekidnéven]
elke dag (bw)	всекидневно	[fsekidnévno]
week (de)	седмица (ж)	[sédmitsa]
vorige week (bw)	през миналата седмица	[pres mínalata sédmitsa]
volgende week (bw)	през следващата седмица	[pres slédvaʃtata sédmitsa]
wekelijks (bn)	седмичен	[sédmitʃen]
elke week (bw)	седмично	[sédmitʃno]
twee keer per week	два пъти на седмица	[dva pətí na sédmitsa]
elke dinsdag	всеки вторник	[fséki ftórnik]

17. Uren. Dag en nacht

morgen (de)	сутрин (ж)	[sútrin]
's morgens (bw)	сутринта	[sutrintá]
middag (de)	пладне (с)	[pládne]
's middags (bw)	следобед	[sledóbet]
avond (de)	вечер (ж)	[vétʃer]
's avonds (bw)	вечер	[vétʃer]

nacht (de)	нощ (ж)	[noʃt]
's nachts (bw)	нощем	[nóʃtem]
middernacht (de)	полунощ (ж)	[polunóʃt]

seconde (de)	секунда (ж)	[sekúnda]
minuut (de)	минута (ж)	[minúta]
uur (het)	час (м)	[tʃas]
halfuur (het)	половин час (м)	[polovín tʃas]
kwartier (het)	четвърт (ж) час	[tʃétvərt tʃas]
vijftien minuten	петнадесет минути	[petnádeset minúti]
etmaal (het)	денонощие (с)	[denonóʃtie]

zonsopgang (de)	изгрев слънце (с)	[ízgrev sléntsə]
dageraad (de)	разсъмване (с)	[rassémvane]
vroege morgen (de)	ранна сутрин (ж)	[ránna sútrin]
zonsondergang (de)	залез (м)	[zález]

's morgens vroeg (bw)	рано сутрин	[ráno sútrin]
vanmorgen (bw)	тази сутрин	[tázi sútrin]
morgenochtend (bw)	утре сутрин	[útre sútrin]

vanmiddag (bw)	днес през деня	[dnes pres denʲá]
's middags (bw)	следобед	[sledóbet]
morgenmiddag (bw)	утре следобед	[útre sledóbet]

| vanavond (bw) | довечера | [dovétʃera] |
| morgenavond (bw) | утре вечер | [útre vétʃer] |

klokslag drie uur	точно в три часа	[tótʃno v tri tʃasá]
ongeveer vier uur	около четири часа	[ókolo tʃétiri tʃasá]
tegen twaalf uur	към дванадесет часа	[kəm dvanádeset tʃasá]

over twintig minuten	след двадесет минути	[slet dvádeset minúti]
over een uur	след един час	[slet edín tʃas]
op tijd (bw)	навреме	[navréme]

kwart voor ...	без четвърт ...	[bes tʃétvərt]
binnen een uur	в течение на един час	[v tetʃénie na edín tʃas]
elk kwartier	на всеки петнадесет минути	[na fséki petnádeset minúti]
de klok rond	цяло денонощие	[tsʲálo denonóʃtie]

18. Maanden. Seizoenen

januari (de)	януари (м)	[januári]
februari (de)	февруари (м)	[fevruári]
maart (de)	март (м)	[mart]
april (de)	април (м)	[apríl]
mei (de)	май (м)	[maj]
juni (de)	юни (м)	[júni]

juli (de)	юли (м)	[júli]
augustus (de)	август (м)	[ávgust]
september (de)	септември (м)	[septémvri]

oktober (de)	октомври (м)	[októmvri]
november (de)	ноември (м)	[noémvri]
december (de)	декември (м)	[dekémvri]

lente (de)	пролет (ж)	[prólet]
in de lente (bw)	през пролетта	[prez prolettá]
lente- (abn)	пролетен	[próleten]

zomer (de)	лято (с)	[lʲáto]
in de zomer (bw)	през лятото	[prez lʲátoto]
zomer-, zomers (bn)	летен	[léten]

herfst (de)	есен (ж)	[ésen]
in de herfst (bw)	през есента	[prez esentá]
herfst- (abn)	есенен	[ésenen]

winter (de)	зима (ж)	[zíma]
in de winter (bw)	през зимата	[prez zímata]
winter- (abn)	зимен	[zímen]

maand (de)	месец (м)	[mésets]
deze maand (bw)	през този месец	[pres tózi mésets]
volgende maand (bw)	през следващия месец	[prez slédvaʃtija mésets]
vorige maand (bw)	през миналия месец	[prez mínalija mésets]

een maand geleden (bw)	преди един месец	[predí edín mésets]
over een maand (bw)	след един месец	[slet edín mésets]
over twee maanden (bw)	след два месеца	[slet dva mésetsa]
de hele maand (bw)	цял месец	[tsʲal mésets]
een volle maand (bw)	цял месец	[tsʲal mésets]

maand-, maandelijks (bn)	месечен	[mésetʃen]
maandelijks (bw)	месечно	[mésetʃno]
elke maand (bw)	всеки месец	[fséki mésets]
twee keer per maand	два пъти на месец	[dva péti na mésets]

jaar (het)	година (ж)	[godína]
dit jaar (bw)	тази година	[tázi godína]
volgend jaar (bw)	през следващата година	[prez slédvaʃtata godína]
vorig jaar (bw)	през миналата година	[prez mínalata godína]

een jaar geleden (bw)	преди една година	[predí edná godína]
over een jaar	след една година	[slet edná godína]
over twee jaar	след две години	[slet dve godíni]
het hele jaar	цяла година	[tsʲála godína]
een vol jaar	цяла година	[tsʲála godína]

elk jaar	всяка година	[fsʲáka godína]
jaar-, jaarlijks (bn)	ежегоден	[eʒegóden]
jaarlijks (bw)	ежегодно	[eʒegódno]
4 keer per jaar	четири пъти годишно	[tʃétiri péti godíʃno]

datum (de)	число (с)	[tʃisló]
datum (de)	дата (ж)	[dáta]
kalender (de)	календар (м)	[kalendár]
een half jaar	половин година	[polovín godína]

zes maanden	полугодие (c)	[polugódie]
seizoen (bijv. lente, zomer)	сезон (м)	[sezón]
eeuw (de)	век (м)	[vek]

19. Tijd. Diversen

tijd (de)	време (c)	[vréme]
ogenblik (het)	миг (м)	[mik]
moment (het)	мигновение (c)	[mignovénie]
ogenblikkelijk (bn)	мигновен	[mignovén]

tijdsbestek (het)	отрязък (м)	[otrʲázək]
leven (het)	живот (м)	[ʒivót]
eeuwigheid (de)	вечност (ж)	[vétʃnost]

epoche (de), tijdperk (het)	епоха (ж)	[epóha]
era (de), tijdperk (het)	ера (ж)	[éra]
cyclus (de)	цикъл (м)	[tsíkəl]
periode (de)	период (м)	[períot]
termijn (vastgestelde periode)	срок (м)	[srok]

toekomst (de)	бъдеще (c)	[bódeʃte]
toekomstig (bn)	бъдещ	[bódeʃt]
de volgende keer	следващия път	[slédvaʃtija pət]

verleden (het)	минало (c)	[mínalo]
vorig (bn)	минал	[mínal]
de vorige keer	миналия път	[mínalija pət]

later (bw)	по-късно	[po-késno]
na (~ het diner)	след това	[slet tová]
tegenwoordig (bw)	сега	[segá]
nu (bw)	сега	[segá]

onmiddellijk (bw)	незабавно	[nezabávno]
snel (bw)	скоро	[skóro]
bij voorbaat (bw)	предварително	[predvarítelno]

lang geleden (bw)	отдавна	[otdávna]
kort geleden (bw)	неотдавна	[neotdávna]
noodlot (het)	съдба (ж)	[sədbá]
herinneringen (mv.)	памет (ж)	[pámet]
archief (het)	архив (м)	[arhív]

tijdens ... (ten tijde van)	по времето на ...	[po vrémeto na]
lang (bw)	дълго	[délgo]
niet lang (bw)	недълго	[nedélgo]

| vroeg (bijv. ~ in de ochtend) | рано | [ráno] |
| laat (bw) | късно | [késno] |

voor altijd (bw)	завинаги	[zavínagi]
beginnen (ww)	започвам	[zapótʃvam]
uitstellen (ww)	отложа	[otlóʒa]

tegelijkertijd (bw)	едновременно	[ednovrémenno]
voortdurend (bw)	постоянно	[postojánno]
voortdurend	постоянен	[postojánen]
tijdelijk (bn)	временен	[vrémenen]
soms (bw)	понякога	[ponʲákoga]
zelden (bw)	рядко	[rʲátko]
vaak (bw)	често	[ʧésto]

20. Tegenovergestelden

rijk (bn)	богат	[bogát]
arm (bn)	беден	[béden]
ziek (bn)	болен	[bólen]
gezond (bn)	здрав	[zdrav]
groot (bn)	голям	[goʎám]
klein (bn)	малък	[málək]
snel (bw)	бързо	[bérzo]
langzaam (bw)	бавно	[bávno]
snel (bn)	бърз	[bərz]
langzaam (bn)	бавен	[báven]
vrolijk (bn)	весел	[vésel]
treurig (bn)	тъжен	[téʒen]
samen (bw)	заедно	[záedno]
apart (bw)	поотделно	[pootdélno]
hardop (~ lezen)	на глас	[na glás]
stil (~ lezen)	на ум	[na úm]
hoog (bn)	висок	[visók]
laag (bn)	нисък	[nísək]
diep (bn)	дълбок	[dəlbók]
ondiep (bn)	плитък	[plítək]
ja	да	[da]
nee	не	[ne]
ver (bn)	далечен	[daléʧen]
dicht (bn)	близък	[blízək]
ver (bw)	далече	[daléʧe]
dichtbij (bw)	близо	[blízo]
lang (bn)	дълъг	[délək]
kort (bn)	къс	[kəs]
vriendelijk (goedhartig)	добър	[dobér]
kwaad (bn)	зъл	[zəl]

gehuwd (mann.)	женен	[ʒénen]
ongehuwd (mann.)	ерген	[ergén]
verbieden (ww)	забранявам	[zabranʲávam]
toestaan (ww)	разрешавам	[razreʃávam]
einde (het)	край (м)	[kraj]
begin (het)	начало (с)	[natʃálo]
linker (bn)	ляв	[lʲav]
rechter (bn)	десен	[désen]
eerste (bn)	първи	[pérvi]
laatste (bn)	последен	[posléden]
misdaad (de)	престъпление (с)	[prestəplénie]
bestraffing (de)	наказание (с)	[nakazánie]
bevelen (ww)	заповядвам	[zapovʲádvam]
gehoorzamen (ww)	подчиня се	[podtʃinʲá se]
recht (bn)	прав	[prav]
krom (bn)	крив	[kriv]
paradijs (het)	рай (м)	[raj]
hel (de)	ад (м)	[at]
geboren worden (ww)	родя се	[rodʲá se]
sterven (ww)	умра	[umrá]
sterk (bn)	силен	[sílen]
zwak (bn)	слаб	[slap]
oud (bn)	стар	[star]
jong (bn)	млад	[mlat]
oud (bn)	стар	[star]
nieuw (bn)	нов	[nov]
hard (bn)	твърд	[tvərt]
zacht (bn)	мек	[mek]
warm (bn)	топъл	[tópəl]
koud (bn)	студен	[studén]
dik (bn)	дебел	[debél]
dun (bn)	слаб	[slap]
smal (bn)	тесен	[tésen]
breed (bn)	широк	[ʃirók]
goed (bn)	добър	[dobér]
slecht (bn)	лош	[loʃ]
moedig (bn)	храбър	[hrábər]
laf (bn)	страхлив	[strahlíf]

21. Lijnen en vormen

vierkant (het)	квадрат (м)	[kvadrát]
vierkant (bn)	квадратен	[kvadráten]
cirkel (de)	кръг (м)	[krək]
rond (bn)	кръгъл	[krǿgəl]
driehoek (de)	триъгълник (м)	[triǽgəlnik]
driehoekig (bn)	триъгълен	[triǽgəlen]

ovaal (het)	овал (м)	[ovál]
ovaal (bn)	овален	[oválen]
rechthoek (de)	правоъгълник (м)	[pravoǽgəlnik]
rechthoekig (bn)	правоъгълен	[pravoǽgəlen]

piramide (de)	пирамида (ж)	[piramída]
ruit (de)	ромб (м)	[romp]
trapezium (het)	трапец (м)	[trapéts]
kubus (de)	куб (м)	[kup]
prisma (het)	призма (ж)	[prízma]

omtrek (de)	окръжност (ж)	[okrǿʒnost]
bol, sfeer (de)	сфера (ж)	[sféra]
bal (de)	кълбо (с)	[kəlbó]
diameter (de)	диаметър (м)	[diámetər]
straal (de)	радиус (м)	[rádius]
omtrek (~ van een cirkel)	периметър (м)	[perímetər]
middelpunt (het)	център (м)	[tséntər]

horizontaal (bn)	хоризонтален	[horizontálen]
verticaal (bn)	вертикален	[vertikálen]
parallel (de)	паралел (м)	[paralél]
parallel (bn)	паралелно	[paralélno]

lijn (de)	линия (ж)	[línija]
streep (de)	черта (ж)	[ʧertá]
rechte lijn (de)	права (ж)	[práva]
kromme (de)	крива (ж)	[kríva]
dun (bn)	тънък	[tǿnək]
omlijning (de)	контур (м)	[kóntur]

snijpunt (het)	пресичане (с)	[presíʧane]
rechte hoek (de)	прав ъгъл (м)	[prav ǿgəl]
segment (het)	сегмент (м)	[segmént]
sector (de)	сектор (м)	[séktor]
zijde (de)	страна (ж)	[straná]
hoek (de)	ъгъл (м)	[ǿgəl]

22. Meeteenheden

gewicht (het)	тегло (с)	[tegló]
lengte (de)	дължина (ж)	[dəʒiná]
breedte (de)	широчина (ж)	[ʃiroʧiná]
hoogte (de)	височина (ж)	[visoʧiná]

diepte (de)	дълбочина (ж)	[dəlbotʃiná]
volume (het)	обем (м)	[obém]
oppervlakte (de)	площ (ж)	[ploʃt]

gram (het)	грам (м)	[gram]
milligram (het)	милиграм (м)	[miligrám]
kilogram (het)	килограм (м)	[kilográm]
ton (duizend kilo)	тон (м)	[ton]
pond (het)	фунт (м)	[funt]
ons (het)	унция (ж)	[úntsija]

meter (de)	метър (м)	[métər]
millimeter (de)	милиметър (м)	[milimétər]
centimeter (de)	сантиметър (м)	[santimétər]
kilometer (de)	километър (м)	[kilométər]
mijl (de)	миля (ж)	[mílʲa]

duim (de)	дюйм (м)	[dʲujm]
voet (de)	фут (м)	[fut]
yard (de)	ярд (м)	[jart]

| vierkante meter (de) | квадратен метър (м) | [kvadráten métər] |
| hectare (de) | хектар (м) | [hektár] |

liter (de)	литър (м)	[lítər]
graad (de)	градус (м)	[grádus]
volt (de)	волт (м)	[volt]
ampère (de)	ампер (м)	[ampér]
paardenkracht (de)	конска сила (ж)	[kónska síla]

hoeveelheid (de)	количество (с)	[kolítʃestvo]
een beetje ...	малко ...	[málko]
helft (de)	половина (ж)	[polovína]
dozijn (het)	дузина (ж)	[duzína]
stuk (het)	брой (м)	[broj]

| afmeting (de) | размер (м) | [razmér] |
| schaal (bijv. ~ van 1 op 50) | мащаб (м) | [maʃtáp] |

minimaal (bn)	минимален	[minimálen]
minste (bn)	най-малък	[naj-málək]
medium (bn)	среден	[sréden]
maximaal (bn)	максимален	[maksimálen]
grootste (bn)	най-голям	[naj-golʲám]

23. Containers

glazen pot (de)	буркан (м)	[burkán]
blik (conserven~)	тенекия (ж)	[tenekíja]
emmer (de)	кофа (ж)	[kófa]
ton (bijv. regenton)	бъчва (ж)	[bétʃva]

| ronde waterbak (de) | леген (м) | [legén] |
| tank (bijv. watertank-70-ltr) | резервоар (м) | [rezervoár] |

heupfles (de)	манерка (ж)	[manérka]
jerrycan (de)	туба (ж)	[túba]
tank (bijv. ketelwagen)	цистерна (ж)	[tsistérna]

beker (de)	чаша (ж)	[ʧáʃa]
kopje (het)	чаша (ж)	[ʧáʃa]
schoteltje (het)	чинийка (ж)	[ʧiníjka]
glas (het)	стакан (м)	[stakán]
wijnglas (het)	чаша (ж) за вино	[ʧáʃa za víno]
pan (de)	тенджера (ж)	[téndʒera]

fles (de)	бутилка (ж)	[butílka]
flessenhals (de)	гърло (с) на бутилка	[gérlo na butílka]

karaf (de)	гарафа (ж)	[garáfa]
kruik (de)	кана (ж)	[kána]
vat (het)	съд (м)	[set]
pot (de)	гърне (с)	[gerné]
vaas (de)	ваза (ж)	[váza]

flacon (de)	шишенце (с)	[ʃiʃéntse]
flesje (het)	шишенце (с)	[ʃiʃéntse]
tube (bijv. ~ tandpasta)	тубичка (ж)	[túbiʧka]

zak (bijv. ~ aardappelen)	чувал (м)	[ʧuvál]
tasje (het)	плик (м)	[plik]
pakje (~ sigaretten, enz.)	кутия (ж)	[kutíja]

doos (de)	кутия (ж)	[kutíja]
kist (de)	щайга (ж)	[ʃtájga]
mand (de)	кошница (ж)	[kóʃnitsa]

24. Materialen

materiaal (het)	материал (м)	[materiál]
hout (het)	дърво (с)	[dervó]
houten (bn)	дървен	[dérven]

glas (het)	стъкло (с)	[steklό]
glazen (bn)	стъклен	[stéklen]

steen (de)	камък (м)	[kámek]
stenen (bn)	каменен	[kámenen]

plastic (het)	пластмаса (ж)	[plastmása]
plastic (bn)	пластмасов	[plastmásov]

rubber (het)	гума (ж)	[gúma]
rubber-, rubberen (bn)	гумен	[gúmen]

stof (de)	плат (м)	[plat]
van stof (bn)	от плат	[ot plát]
papier (het)	хартия (ж)	[hartíja]
papieren (bn)	хартиен	[hartíen]

karton (het)	картон (м)	[kartón]
kartonnen (bn)	картонен	[kartónen]

polyethyleen (het)	полиетилен (м)	[polietilén]
cellofaan (het)	целофан (м)	[tselofán]
multiplex (het)	шперплат (м)	[ʃperplát]

porselein (het)	порцелан (м)	[portselán]
porseleinen (bn)	порцеланов	[portselánof]
klei (de)	глина (ж)	[glína]
klei-, van klei (bn)	глинен	[glínen]
keramiek (de)	керамика (ж)	[kerámika]
keramieken (bn)	керамичен	[kerámitʃen]

25. Metalen

metaal (het)	метал (м)	[metál]
metalen (bn)	метален	[metálen]
legering (de)	сплав (м)	[splav]

goud (het)	злато (с)	[zláto]
gouden (bn)	златен	[zláten]
zilver (het)	сребро (с)	[srebró]
zilveren (bn)	сребърен	[srébəren]

ijzer (het)	желязо (с)	[ʒelʲázo]
ijzeren	железен	[ʒelézen]
staal (het)	стомана (ж)	[stomána]
stalen (bn)	стоманен	[stománen]
koper (het)	мед (ж)	[met]
koperen (bn)	меден	[méden]

aluminium (het)	алуминий (м)	[alumínij]
aluminium (bn)	алуминиев	[alumíniev]
brons (het)	бронз (м)	[bronz]
bronzen (bn)	бронзов	[brónzov]

messing (het)	месинг (м)	[mésink]
nikkel (het)	никел (м)	[níkel]
platina (het)	платина (ж)	[platína]
kwik (het)	живак (м)	[ʒivák]
tin (het)	калай (м)	[kaláj]
lood (het)	олово (с)	[olóvo]
zink (het)	цинк (м)	[tsink]

MENS

Mens. Het lichaam

26. Mensen. Basisbegrippen

mens (de)	човек (м)	[ʧovék]
man (de)	мъж (м)	[məʒ]
vrouw (de)	жена (ж)	[ʒená]
kind (het)	дете (с)	[deté]
meisje (het)	момиче (с)	[momíʧe]
jongen (de)	момче (с)	[momʧé]
tiener, adolescent (de)	тинейджър (м)	[tinéjdʒər]
oude man (de)	старец (м)	[stárets]
oude vrouw (de)	старица (ж)	[stáritsa]

27. Menselijke anatomie

organisme (het)	организъм (м)	[organízəm]
hart (het)	сърце (с)	[sərtsé]
bloed (het)	кръв (ж)	[krəv]
slagader (de)	артерия (ж)	[artérija]
ader (de)	вена (ж)	[véna]
hersenen (mv.)	мозък (м)	[mózək]
zenuw (de)	нерв (м)	[nerv]
zenuwen (mv.)	нерви (м мн)	[nérvi]
wervel (de)	прешлен (м)	[préʃlen]
ruggengraat (de)	гръбнак (м)	[grəbnák]
maag (de)	стомах (м)	[stomáh]
darmen (mv.)	стомашно-чревен тракт (м)	[stomáʃno-ʧréven trakt]
darm (de)	черво (с)	[ʧervó]
lever (de)	черен дроб (м)	[ʧéren drop]
nier (de)	бъбрек (м)	[bébrek]
been (deel van het skelet)	кост (ж)	[kost]
skelet (het)	скелет (м)	[skélet]
rib (de)	ребро (с)	[rebró]
schedel (de)	череп (м)	[ʧérep]
spier (de)	мускул (м)	[múskul]
biceps (de)	бицепс (м)	[bítseps]
triceps (de)	трицепс (м)	[trítseps]
pees (de)	сухожилие (с)	[suhoʒílie]
gewricht (het)	става (ж)	[stáva]

longen (mv.)	бели дробове (м мн)	[béli dróbove]
geslachtsorganen (mv.)	полови органи (м мн)	[pólovi órgani]
huid (de)	кожа (ж)	[kóʒa]

28. Hoofd

hoofd (het)	глава (ж)	[glavá]
gezicht (het)	лице (с)	[litsé]
neus (de)	нос (м)	[nos]
mond (de)	уста (ж)	[ustá]

oog (het)	око (с)	[okó]
ogen (mv.)	очи (с мн)	[otʃí]
pupil (de)	зеница (ж)	[zénitsa]
wenkbrauw (de)	вежда (ж)	[véʒda]
wimper (de)	мигла (ж)	[mígla]
ooglid (het)	клепач (м)	[klepátʃ]

tong (de)	език (м)	[ezík]
tand (de)	зъб (м)	[zəp]
lippen (mv.)	устни (ж мн)	[ústni]
jukbeenderen (mv.)	скули (ж мн)	[skúli]
tandvlees (het)	венец (м)	[venéts]
gehemelte (het)	небце (с)	[nebtsé]

neusgaten (mv.)	ноздри (ж мн)	[nózdri]
kin (de)	брадичка (ж)	[bradítʃka]
kaak (de)	челюст (ж)	[tʃélʲust]
wang (de)	буза (ж)	[búza]

voorhoofd (het)	чело (с)	[tʃeló]
slaap (de)	слепоочие (с)	[slepoótʃie]
oor (het)	ухо (с)	[uhó]
achterhoofd (het)	тил (м)	[til]
hals (de)	шия (ж)	[ʃíja]
keel (de)	гърло (с)	[gérlo]

haren (mv.)	коса (ж)	[kosá]
kapsel (het)	прическа (ж)	[pritʃéska]
haarsnit (de)	подстригване (с)	[potstrígvane]
pruik (de)	перука (ж)	[perúka]

snor (de)	мустаци (м мн)	[mustátsi]
baard (de)	брада (ж)	[bradá]
dragen (een baard, enz.)	нося	[nósʲa]
vlecht (de)	коса (ж)	[kosá]
bakkebaarden (mv.)	бакенбарди (мн)	[bakenbárdi]

ros (roodachtig, rossig)	червенокос	[tʃervenokós]
grijs (~ haar)	беловлас	[belovlás]
kaal (bn)	плешив	[pleʃív]
kale plek (de)	плешивина (ж)	[pleʃiviná]
paardenstaart (de)	опашка (ж)	[opáʃka]
pony (de)	бретон (м)	[bretón]

29. Menselijk lichaam

hand (de)	китка (ж)	[kítka]
arm (de)	ръка (ж)	[rəká]

vinger (de)	пръст (м)	[prəst]
teen (de)	пръст (м) на крак	[prəst na krak]
duim (de)	палец (м)	[pálets]
pink (de)	кутре (с)	[kutré]
nagel (de)	нокът (м)	[nókət]

vuist (de)	юмрук (м)	[jumrúk]
handpalm (de)	длан (ж)	[dlan]
pols (de)	китка (ж)	[kítka]
voorarm (de)	предмишница (ж)	[predmíʃnitsa]
elleboog (de)	лакът (м)	[lákət]
schouder (de)	рамо (с)	[rámo]

been (rechter ~)	крак (м)	[krak]
voet (de)	ходило (с)	[hodílo]
knie (de)	коляно (с)	[kolʲáno]
kuit (de)	прасец (м)	[praséts]
heup (de)	бедро (с)	[bedró]
hiel (de)	пета (ж)	[petá]

lichaam (het)	тяло (с)	[tʲálo]
buik (de)	корем (м)	[korém]
borst (de)	гръд (ж)	[grəd]
borst (de)	женска гръд (ж)	[ʒénska grəd]
zijde (de)	страна (ж)	[straná]
rug (de)	гръб (м)	[grəp]
lage rug (de)	кръст (м)	[krəst]
taille (de)	талия (ж)	[tálija]

navel (de)	пъп (м)	[pəp]
billen (mv.)	седалище (с)	[sedáliʃte]
achterwerk (het)	задник (м)	[zádnik]

huidvlek (de)	бенка (ж)	[bénka]
moedervlek (de)	родилно петно (с)	[rodílno petnó]
tatoeage (de)	татуировка (ж)	[tatuirófka]
litteken (het)	белег (м)	[bélek]

Kleding en accessoires

30. Bovenkleding. Jassen

kleren (mv.)	облекло (c)	[obleklό]
bovenkleding (de)	горни дрехи (ж мн)	[gόrni dréhi]
winterkleding (de)	зимни дрехи (ж мн)	[zímni dréhi]
jas (de)	палто (c)	[paltό]
bontjas (de)	кожено палто (c)	[kόʒeno paltό]
bontjasje (het)	полушубка (ж)	[poluʃúpka]
donzen jas (de)	пухено яке (c)	[púheno jáke]
jasje (bijv. een leren ~)	яке (c)	[jáke]
regenjas (de)	шлифер (м)	[ʃlífer]
waterdicht (bn)	непромокаем	[nepromokáem]

31. Heren & dames kleding

overhemd (het)	риза (ж)	[ríza]
broek (de)	панталон (м)	[pantalόn]
jeans (de)	дънки, джинси (мн)	[dénki], [dʒínsi]
colbert (de)	сако (c)	[sakό]
kostuum (het)	костюм (м)	[kostʲúm]
jurk (de)	рокля (ж)	[rόklʲa]
rok (de)	пола (ж)	[polá]
blouse (de)	блуза (ж)	[blúza]
wollen vest (de)	жилетка (ж)	[ʒilétka]
blazer (kort jasje)	сако (c)	[sakό]
T-shirt (het)	тениска (ж)	[téniska]
shorts (mv.)	къси панталони (м мн)	[kési pantalόni]
trainingspak (het)	анцуг (м)	[ántsuk]
badjas (de)	хавлиен халат (м)	[havlíen halát]
pyjama (de)	пижама (ж)	[piʒáma]
sweater (de)	пуловер (м)	[pulόver]
pullover (de)	пуловер (м)	[pulόver]
gilet (het)	елек (м)	[elék]
rokkostuum (het)	фрак (м)	[frak]
smoking (de)	смокинг (м)	[smόking]
uniform (het)	униформа (ж)	[unifόrma]
werkkleding (de)	работно облекло (c)	[rabόtno obleklό]
overall (de)	гащеризон (м)	[gaʃterizόn]
doktersjas (de)	бяла престилка (ж)	[bʲála prestílka]

32. Kleding. Ondergoed

ondergoed (het)	бельо (с)	[belʲó]
herenslip (de)	боксер (м)	[boksér]
slipjes (mv.)	прашка (ж)	[práʃka]
onderhemd (het)	потник (м)	[pótnik]
sokken (mv.)	чорапи (м мн)	[ʧorápi]
nachthemd (het)	нощница (ж)	[nóʃtnitsa]
beha (de)	сутиен (м)	[sutién]
kniekousen (mv.)	чорапи три четвърт (м мн)	[ʧorápi tri ʧétvərt]
panty (de)	чорапогащник (м)	[ʧorapogáʃtnik]
nylonkousen (mv.)	чорапи (м мн)	[ʧorápi]
badpak (het)	бански костюм (м)	[bánski kostʲúm]

33. Hoofddeksels

hoed (de)	шапка (ж)	[ʃápka]
deukhoed (de)	шапка (ж)	[ʃápka]
honkbalpet (de)	шапка (ж) с козирка	[ʃápka s kozirká]
kleppet (de)	каскет (м)	[kaskét]
baret (de)	барета (ж)	[baréta]
kap (de)	качулка (ж)	[katʃúlka]
panamahoed (de)	панама (ж)	[panáma]
gebreide muts (de)	плетена шапка (ж)	[plétena ʃápka]
hoofddoek (de)	кърпа (ж)	[kǝrpa]
dameshoed (de)	шапка (ж)	[ʃápka]
veiligheidshelm (de)	каска (ж)	[káska]
veldmuts (de)	пилотка (ж)	[pilótka]
helm, valhelm (de)	шлем (м)	[ʃlem]
bolhoed (de)	бомбе (с)	[bombé]
hoge hoed (de)	цилиндър (м)	[tsilíndər]

34. Schoeisel

schoeisel (het)	обувки (ж мн)	[obúfki]
schoenen (mv.)	ботинки (мн)	[botínki]
vrouwenschoenen (mv.)	обувки (ж мн)	[obúfki]
laarzen (mv.)	ботуши (м мн)	[botúʃi]
pantoffels (mv.)	чехли (м мн)	[ʧéhli]
sportschoenen (mv.)	маратонки (ж мн)	[maratónki]
sneakers (mv.)	кецове (м мн)	[kétsove]
sandalen (mv.)	сандали (мн)	[sandáli]
schoenlapper (de)	обущар (м)	[obuʃtár]
hiel (de)	ток (м)	[tok]

paar (een ~ schoenen)	чифт (м)	[ʧift]
veter (de)	връзка (ж)	[vréska]
rijgen (schoenen ~)	връзвам	[vrézvam]
schoenlepel (de)	обувалка (ж)	[obuválka]
schoensmeer (de/het)	крем (м) за обувки	[krem za obúfki]

35. Textiel. Weefsel

katoen (de/het)	памук (м)	[pamúk]
katoenen (bn)	от памук	[ot pamúk]
vlas (het)	лен (м)	[len]
vlas-, van vlas (bn)	от лен	[ot len]

zijde (de)	коприна (ж)	[koprína]
zijden (bn)	копринен	[koprínen]
wol (de)	вълна (ж)	[vélna]
wollen (bn)	вълнен	[vélnen]

fluweel (het)	кадифе (с)	[kadifé]
suède (de)	велур (м)	[velúr]
ribfluweel (het)	кадифе (с)	[kadifé]

nylon (de/het)	найлон (м)	[najlón]
nylon-, van nylon (bn)	от найлон	[ot najlón]
polyester (het)	полиестер (м)	[poliéster]
polyester- (abn)	полиестерен	[poliésteren]

leer (het)	кожа (ж)	[kóʒa]
leren (van leer gemaak)	кожен	[kóʒen]
bont (het)	кожа (ж)	[kóʒa]
bont- (abn)	кожен	[kóʒen]

36. Persoonlijke accessoires

handschoenen (mv.)	ръкавици (ж мн)	[rəkavítsi]
wanten (mv.)	ръкавици (ж мн) с един пърст	[rəkavítsi s edín pərst]
sjaal (fleece ~)	шал (м)	[ʃal]

bril (de)	очила (мн)	[otʃilá]
brilmontuur (het)	рамка (ж) за очила	[rámka za otʃilá]
paraplu (de)	чадър (м)	[ʧadér]
wandelstok (de)	бастун (м)	[bastún]
haarborstel (de)	четка (ж) за коса	[ʧétka za kosá]
waaier (de)	ветрило (с)	[vetrílo]

das (de)	вратовръзка (ж)	[vratovrézka]
strikje (het)	папийонка (ж)	[papijónka]
bretels (mv.)	тиранти (мн)	[tiránti]
zakdoek (de)	носна кърпичка (ж)	[nósna kérpiʧka]
kam (de)	гребен (м)	[grében]
haarspeldje (het)	шнола (ж)	[ʃnóla]

| schuifspeldje (het) | фиба (ж) | [fíba] |
| gesp (de) | катарама (ж) | [kataráma] |

| broekriem (de) | колан (м) | [kolán] |
| draagriem (de) | ремък (м) | [rémək] |

handtas (de)	чанта (ж)	[ʧánta]
damestas (de)	чантичка (ж)	[ʧántiʧka]
rugzak (de)	раница (ж)	[ránitsa]

37. Kleding. Diversen

mode (de)	мода (ж)	[móda]
de mode (bn)	модерен	[modéren]
kledingstilist (de)	моделиер (м)	[modeliér]

kraag (de)	яка (ж)	[jaká]
zak (de)	джоб (м)	[dʒop]
zak- (abn)	джобен	[dʒóben]
mouw (de)	ръкав (м)	[rəkáv]
lusje (het)	закачалка (ж)	[zakaʧálka]
gulp (de)	копчелък (м)	[kopʧelék]

rits (de)	цип (м)	[tsip]
sluiting (de)	закопчалка (ж)	[zakopʧálka]
knoop (de)	копче (с)	[kópʧe]
knoopsgat (het)	илик (м)	[ilík]
losraken (bijv. knopen)	откъсна се	[otkésna se]

naaien (kleren, enz.)	шия	[ʃíja]
borduren (ww)	бродирам	[brodíram]
borduursel (het)	бродерия (ж)	[brodérija]
naald (de)	игла (ж)	[iglá]
draad (de)	конец (м)	[konéts]
naad (de)	тегел (м)	[tegél]

vies worden (ww)	изцапам се	[istsápam se]
vlek (de)	петно (с)	[petnó]
gekreukt raken (ov. kleren)	смачкам се	[smáʧkam se]
scheuren (ov.ww.)	скъсам	[skésam]
mot (de)	молец (м)	[moléts]

38. Persoonlijke verzorging. Schoonheidsmiddelen

tandpasta (de)	паста (ж) за зъби	[pásta za zébi]
tandenborstel (de)	четка (ж) за зъби	[ʧétka za zébi]
tanden poetsen (ww)	мия си зъбите	[míja si zébite]

scheermes (het)	бръснач (м)	[brəsnáʧ]
scheerschuim (het)	крем (м) за бръснене	[krem za brésnene]
zich scheren (ww)	бръсна се	[brésna se]
zeep (de)	сапун (м)	[sapún]

shampoo (de)	шампоан (м)	[ʃampoán]
schaar (de)	ножица (ж)	[nóʒitsa]
nagelvijl (de)	пиличка (ж) за нокти	[pílitʃka za nókti]
nagelknipper (de)	ножичка (ж) за нокти	[nóʒitʃka za nókti]
pincet (het)	пинсета (ж)	[pinséta]

cosmetica (mv.)	козметика (ж)	[kozmétika]
masker (het)	маска (ж)	[máska]
manicure (de)	маникюр (м)	[manikʲúr]
manicure doen	правя маникюр	[právʲa manikʲúr]
pedicure (de)	педикюр (м)	[pedikʲúr]

cosmetica tasje (het)	козметична чантичка (ж)	[kozmetítʃna tʃántitʃka]
poeder (de/het)	пудра (ж)	[púdra]
poederdoos (de)	пудриера (ж)	[pudriéra]
rouge (de)	руж (ж)	[ruʃ]

parfum (de/het)	парфюм (м)	[parfʲúm]
eau de toilet (de)	тоалетна вода (ж)	[toalétna vodá]
lotion (de)	лосион (м)	[losión]
eau de cologne (de)	одеколон (м)	[odekolón]

oogschaduw (de)	сенки (ж мн) за очи	[sénki za otʃí]
oogpotlood (het)	молив (м) за очи	[móliv za otʃí]
mascara (de)	спирала (ж)	[spirála]

lippenstift (de)	червило (с)	[tʃervílo]
nagellak (de)	лак (м) за нокти	[lak za nókti]
haarlak (de)	лак (м) за коса	[lak za kosá]
deodorant (de)	дезодорант (м)	[dezodoránt]

crème (de)	крем (м)	[krem]
gezichtscrème (de)	крем (м) за лице	[krem za litsé]
handcrème (de)	крем (м) за ръце	[krem za rətsé]
antirimpelcrème (de)	крем (м) срещу бръчки	[krem sreʃtú brétʃki]
dagcrème (de)	дневен крем (м)	[dnéven krem]
nachtcrème (de)	нощен крем (м)	[nóʃten krem]
dag- (abn)	дневен	[dnéven]
nacht- (abn)	нощен	[nóʃten]

tampon (de)	тампон (м)	[tampón]
toiletpapier (het)	тоалетна хартия (ж)	[toalétna hartíja]
föhn (de)	сешоар (м)	[seʃoár]

39. Juwelen

sieraden (mv.)	скъпоценности (ж мн)	[skəpotsénnosti]
edel (bijv. ~ stenen)	скъпоценен	[skəpotsénen]
keurmerk (het)	проба (ж)	[próba]

ring (de)	пръстен (м)	[présten]
trouwring (de)	халка (ж)	[halká]
armband (de)	гривна (ж)	[grívna]
oorringen (mv.)	обеци (ж мн)	[obetsí]

halssnoer (het)	огърлица (ж)	[ogərlítsa]
kroon (de)	корона (ж)	[koróna]
kralen snoer (het)	гердан (м)	[gerdán]

diamant (de)	диамант (м)	[diamánt]
smaragd (de)	изумруд (м)	[izumrút]
robijn (de)	рубин (м)	[rubín]
saffier (de)	сапфир (м)	[sapfír]
parel (de)	бисер (м)	[bíser]
barnsteen (de)	кехлибар (м)	[kehlibár]

40. Horloges. Klokken

polshorloge (het)	часовник (м)	[ʧasóvnik]
wijzerplaat (de)	циферблат (м)	[tsiferblát]
wijzer (de)	стрелка (ж)	[strelká]
metalen horlogeband (de)	гривна (ж)	[grívna]
horlogebandje (het)	каишка (ж)	[kaíʃka]

batterij (de)	батерия (ж)	[batérija]
leeg zijn (ww)	батерията се изтощи	[batérijata se istoʃtí]
batterij vervangen	сменям батерия	[sménʲam batérija]
voorlopen (ww)	избързвам	[izbérzvam]
achterlopen (ww)	изоставам	[izostávam]

wandklok (de)	стенен часовник (м)	[sténen ʧasóvnik]
zandloper (de)	пясъчен часовник (м)	[pʲásəʧen ʧasóvnik]
zonnewijzer (de)	слънчев часовник (м)	[slénʧev ʧasóvnik]
wekker (de)	будилник (м)	[budílnik]
horlogemaker (de)	часовникар (м)	[ʧasovnikár]
repareren (ww)	поправям	[poprávʲam]

Voedsel. Voeding

41. Voedsel

vlees (het)	месо (с)	[mesó]
kip (de)	кокошка (ж)	[kokóʃka]
kuiken (het)	пиле (с)	[píle]
eend (de)	патица (ж)	[pátitsa]
gans (de)	гъска (ж)	[góska]
wild (het)	дивеч (ж)	[dívetʃ]
kalkoen (de)	пуйка (ж)	[pújka]
varkensvlees (het)	свинско (с)	[svínsko]
kalfsvlees (het)	телешко месо (с)	[téleʃko mesó]
schapenvlees (het)	агнешко (с)	[ágneʃko]
rundvlees (het)	говеждо (с)	[govéʒdo]
konijnenvlees (het)	питомен заек (м)	[pítomen záek]
worst (de)	салам (м)	[salám]
saucijs (de)	кренвирш (м)	[krénvirʃ]
spek (het)	бекон (м)	[bekón]
ham (de)	шунка (ж)	[ʃúnka]
gerookte achterham (de)	бут (м)	[but]
paté (de)	пастет (м)	[pastét]
lever (de)	черен дроб (м)	[tʃéren drop]
gehakt (het)	кайма (ж)	[kajmá]
tong (de)	език (м)	[ezík]
ei (het)	яйце (с)	[jajtsé]
eieren (mv.)	яйца (с мн)	[jajtsá]
eiwit (het)	белтък (м)	[beltók]
eigeel (het)	жълтък (м)	[ʒəltók]
vis (de)	риба (ж)	[ríba]
zeevruchten (mv.)	морски продукти (м мн)	[mórski prodúkti]
kaviaar (de)	хайвер (м)	[hajvér]
krab (de)	морски рак (м)	[mórski rak]
garnaal (de)	скарида (ж)	[skarída]
oester (de)	стрида (ж)	[strída]
langoest (de)	лангуста (ж)	[langústa]
octopus (de)	октопод (м)	[oktopót]
inktvis (de)	калмар (м)	[kalmár]
steur (de)	есетра (ж)	[esétra]
zalm (de)	сьомга (ж)	[sʲómga]
heilbot (de)	палтус (м)	[páltus]
kabeljauw (de)	треска (ж)	[tréska]
makreel (de)	скумрия (ж)	[skumríja]

tonijn (de)	риба тон (м)	[ríba ton]
paling (de)	змиорка (ж)	[zmiórka]

forel (de)	пъстърва (ж)	[pəstérva]
sardine (de)	сардина (ж)	[sardína]
snoek (de)	щука (ж)	[ʃtúka]
haring (de)	селда (ж)	[sélda]

brood (het)	хляб (м)	[hlʲap]
kaas (de)	кашкавал (м)	[kaʃkavál]
suiker (de)	захар (ж)	[záhar]
zout (het)	сол (ж)	[sol]

rijst (de)	ориз (м)	[oríz]
pasta (de)	макарони (мн)	[makaróni]
noedels (mv.)	юфка (ж)	[jufká]

boter (de)	краве масло (с)	[kráve masló]
plantaardige olie (de)	олио (с)	[ólio]
zonnebloemolie (de)	слънчогледово масло (с)	[sləntʃoglédovo máslo]
margarine (de)	маргарин (м)	[margarín]

olijven (mv.)	маслини (ж мн)	[maslíni]
olijfolie (de)	зехтин (м)	[zehtín]

melk (de)	мляко (с)	[mlʲáko]
gecondenseerde melk (de)	сгъстено мляко (с)	[sgəsténo mlʲáko]
yoghurt (de)	йогурт (м)	[jógurt]
zure room (de)	сметана (ж)	[smetána]
room (de)	каймак (м)	[kajmák]

mayonaise (de)	майонеза (ж)	[majonéza]
crème (de)	крем (м)	[krem]

graan (het)	грис, булгур (м)	[gris], [bulgúr]
meel (het), bloem (de)	брашно (с)	[braʃnó]
conserven (mv.)	консерви (ж мн)	[konsérvi]

maïsvlokken (mv.)	царевичен флейкс (м)	[tsárevitʃen flejks]
honing (de)	мед (м)	[met]
jam (de)	конфитюр (м)	[konfitʲúr]
kauwgom (de)	дъвка (ж)	[défka]

42. Drankjes

water (het)	вода (ж)	[vodá]
drinkwater (het)	питейна вода (ж)	[pitéjna vodá]
mineraalwater (het)	минерална вода (ж)	[minerálna vodá]

zonder gas	негазирана	[negazíran]
koolzuurhoudend (bn)	газирана	[gazíran]
bruisend (bn)	газирана	[gazíran]
ijs (het)	лед (м)	[let]
met ijs	с лед	[s let]

alcohol vrij (bn)	безалкохолен	[bezalkohólen]
alcohol vrije drank (de)	безалкохолна напитка (ж)	[bezalkohólna napítka]
frisdrank (de)	разхладителна напитка (ж)	[rashladítelna napítka]
limonade (de)	лимонада (ж)	[limonáda]

alcoholische dranken (mv.)	спиртни напитки (ж мн)	[spírtni napítki]
wijn (de)	вино (с)	[víno]
witte wijn (de)	бяло вино (с)	[bʲálo víno]
rode wijn (de)	червено вино (с)	[ʧervéno víno]

likeur (de)	ликьор (м)	[likʲór]
champagne (de)	шампанско (с)	[ʃampánsko]
vermout (de)	вермут (м)	[vermút]

whisky (de)	уиски (с)	[wíski]
wodka (de)	водка (ж)	[vótka]
gin (de)	джин (м)	[dʒin]
cognac (de)	коняк (м)	[konʲák]
rum (de)	ром (м)	[rom]

koffie (de)	кафе (с)	[kafé]
zwarte koffie (de)	черно кафе (с)	[ʧérno kafé]
koffie (de) met melk	кафе (с) с мляко	[kafé s mlʲáko]
cappuccino (de)	кафе (с) със сметана	[kafé səs smetána]
oploskoffie (de)	разтворимо кафе (с)	[rastvorímo kafé]

melk (de)	мляко (с)	[mlʲáko]
cocktail (de)	коктейл (м)	[koktéjl]
milkshake (de)	млечен коктейл (м)	[mléʧen koktéjl]

sap (het)	сок (м)	[sok]
tomatensap (het)	доматен сок (м)	[domáten sok]
sinaasappelsap (het)	портокалов сок (м)	[portokálov sok]
vers geperst sap (het)	фреш (м)	[freʃ]

bier (het)	бира (ж)	[bíra]
licht bier (het)	светла бира (ж)	[svétla bíra]
donker bier (het)	тъмна бира (ж)	[témna bíra]

thee (de)	чай (м)	[ʧaj]
zwarte thee (de)	черен чай (м)	[ʧéren ʧaj]
groene thee (de)	зелен чай (м)	[zelén ʧaj]

43. Groenten

groenten (mv.)	зеленчуци (м мн)	[zelenʧútsi]
verse kruiden (mv.)	зарзават (м)	[zarzavát]

tomaat (de)	домат (м)	[domát]
augurk (de)	краставица (ж)	[krástavitsa]
wortel (de)	морков (м)	[mórkof]
aardappel (de)	картофи (мн)	[kartófi]
ui (de)	лук (м)	[luk]
knoflook (de)	чесън (м)	[ʧésən]

kool (de)	зеле (с)	[zéle]
bloemkool (de)	карфиол (м)	[karfiól]
spruitkool (de)	брюкселско зеле (с)	[brⁱúkselsko zéle]
broccoli (de)	броколи (с)	[brókoli]

rode biet (de)	цвекло (с)	[tsveklό]
aubergine (de)	патладжан (м)	[patladʒán]
courgette (de)	тиквичка (ж)	[tíkviʧka]
pompoen (de)	тиква (ж)	[tíkva]
raap (de)	ряпа (ж)	[rⁱápa]

peterselie (de)	магданоз (м)	[magdanόz]
dille (de)	копър (м)	[kόpər]
sla (de)	салата (ж)	[saláta]
selderij (de)	целина (ж)	[tsélina]
asperge (de)	аспержа (ж)	[aspérʒa]
spinazie (de)	спанак (м)	[spanák]

erwt (de)	грах (м)	[grah]
bonen (mv.)	боб (м)	[bop]
maïs (de)	царевица (ж)	[tsárevitsa]
nierboon (de)	фасул (м)	[fasúl]

peper (de)	пипер (м)	[pipér]
radijs (de)	репичка (ж)	[répitʃka]
artisjok (de)	ангинар (м)	[anginár]

44. Vruchten. Noten

vrucht (de)	плод (м)	[plot]
appel (de)	ябълка (ж)	[jábəlka]
peer (de)	круша (ж)	[krúʃa]
citroen (de)	лимон (м)	[limόn]
sinaasappel (de)	портокал (м)	[portokál]
aardbei (de)	ягода (ж)	[jágoda]

mandarijn (de)	мандарина (ж)	[mandarína]
pruim (de)	слива (ж)	[slíva]
perzik (de)	праскова (ж)	[práskova]
abrikoos (de)	кайсия (ж)	[kajsíja]
framboos (de)	малина (ж)	[malína]
ananas (de)	ананас (м)	[ananás]

banaan (de)	банан (м)	[banán]
watermeloen (de)	диня (ж)	[dínⁱa]
druif (de)	грозде (с)	[grόzde]
zure kers (de)	вишна (ж)	[víʃna]
zoete kers (de)	череша (ж)	[ʧeréʃa]
meloen (de)	пъпеш (м)	[pə́peʃ]

grapefruit (de)	грейпфрут (м)	[gréjpfrut]
avocado (de)	авокадо (с)	[avokádo]
papaja (de)	папая (ж)	[papája]
mango (de)	манго (с)	[mángo]

granaatappel (de)	нар (м)	[nar]
rode bes (de)	червено френско грозде (с)	[tʃervéno frénsko grózde]
zwarte bes (de)	черно френско грозде (с)	[tʃérno frénsko grózde]
kruisbes (de)	цариградско грозде (с)	[tsarigrátsko grózde]
blauwe bosbes (de)	боровинки (ж мн)	[borovínki]
braambes (de)	къпина (ж)	[kəpína]

rozijn (de)	стафиди (ж мн)	[stafídi]
vijg (de)	смокиня (ж)	[smokínʲa]
dadel (de)	фурма (ж)	[furmá]

pinda (de)	фъстък (м)	[fəsték]
amandel (de)	бадем (м)	[badém]
walnoot (de)	орех (м)	[óreh]
hazelnoot (de)	лешник (м)	[léʃnik]
kokosnoot (de)	кокосов орех (м)	[kokósov óreh]
pistaches (mv.)	шамфъстъци (м мн)	[ʃamfəstétsi]

45. Brood. Snoep

suikerbakkerij (de)	сладкарски изделия (с мн)	[slatkárski izdélija]
brood (het)	хляб (м)	[hlʲap]
koekje (het)	бисквити (ж мн)	[biskvíti]

chocolade (de)	шоколад (м)	[ʃokolát]
chocolade- (abn)	шоколадов	[ʃokoládov]
snoepje (het)	бонбон (м)	[bonbón]
cakeje (het)	паста (ж)	[pásta]
taart (bijv. verjaardags~)	торта (ж)	[tórta]

pastei (de)	пирог (м)	[pirók]
vulling (de)	плънка (ж)	[plénka]

confituur (de)	сладко (с)	[slátko]
marmelade (de)	мармалад (м)	[marmalát]
wafel (de)	вафли (ж мн)	[váfli]
ijsje (het)	сладолед (м)	[sladolét]

46. Bereide gerechten

gerecht (het)	ястие (с)	[jástie]
keuken (bijv. Franse ~)	кухня (ж)	[kúhnʲa]
recept (het)	рецепта (ж)	[retsépta]
portie (de)	порция (ж)	[pórtsija]

salade (de)	салата (ж)	[saláta]
soep (de)	супа (ж)	[súpa]

bouillon (de)	бульон (м)	[buljón]
boterham (de)	сандвич (м)	[sándvitʃ]
spiegelei (het)	пържени яйца (с мн)	[pérʒeni jajtsá]

| hamburger (de) | хамбургер (м) | [hámburger] |
| biefstuk (de) | бифтек (м) | [bifték] |

garnering (de)	гарнитура (ж)	[garnitúra]
spaghetti (de)	спагети (мн)	[spagéti]
aardappelpuree (de)	картофено пюре (с)	[kartófeno pʲuré]
pizza (de)	пица (ж)	[pítsa]
pap (de)	каша (ж)	[káʃa]
omelet (de)	омлет (м)	[omlét]

gekookt (in water)	варен	[varén]
gerookt (bn)	пушен	[púʃen]
gebakken (bn)	пържен	[pérʒen]
gedroogd (bn)	сушен	[suʃén]
diepvries (bn)	замразен	[zamrazén]
gemarineerd (bn)	маринован	[marinóvan]

zoet (bn)	сладък	[sládək]
gezouten (bn)	солен	[solén]
koud (bn)	студен	[studén]
heet (bn)	горещ	[goréʃt]
bitter (bn)	горчив	[gortʃív]
lekker (bn)	вкусен	[fkúsen]

koken (in kokend water)	готвя	[gótvʲa]
bereiden (avondmaaltijd ~)	готвя	[gótvʲa]
bakken (ww)	пържа	[pérʒa]
opwarmen (ww)	затоплям	[zatóplʲam]

zouten (ww)	соля	[solʲá]
peperen (ww)	слагам пипер	[slágam pipér]
raspen (ww)	стъргам	[stérgam]
schil (de)	кожа (ж)	[kóʒa]
schillen (ww)	беля	[bélʲa]

47. Kruiden

zout (het)	сол (ж)	[sol]
gezouten (bn)	солен	[solén]
zouten (ww)	соля	[solʲá]

zwarte peper (de)	черен пипер (м)	[tʃéren pipér]
rode peper (de)	червен пипер (м)	[tʃervén pipér]
mosterd (de)	горчица (ж)	[gortʃítsa]
mierikswortel (de)	хрян (м)	[hrʲan]

condiment (het)	подправка (ж)	[podpráfka]
specerij, kruiderij (de)	подправка (ж)	[podpráfka]
saus (de)	сос (м)	[sos]
azijn (de)	оцет (м)	[otsét]

anijs (de)	анасон (м)	[anasón]
basilicum (de)	босилек (м)	[bosílek]
kruidnagel (de)	карамфил (м)	[karamfíl]

gember (de)	джинджифил (м)	[dʒindʒifíl]
koriander (de)	кориандър (м)	[koriándər]
kaneel (de/het)	канела (ж)	[kanéla]

sesamzaad (het)	сусам (м)	[susám]
laurierblad (het)	дафинов лист (м)	[dafínov list]
paprika (de)	червен пипер (м)	[tʃervén pipér]
komijn (de)	черен тмин (м)	[tʃéren tmin]
saffraan (de)	шафран (м)	[ʃafrán]

48. Maaltijden

| eten (het) | храна (ж) | [hraná] |
| eten (ww) | ям | [jam] |

ontbijt (het)	закуска (ж)	[zakúska]
ontbijten (ww)	закусвам	[zakúsvam]
lunch (de)	обяд (м)	[obʲát]
lunchen (ww)	обядвам	[obʲádvam]

| avondeten (het) | вечеря (ж) | [vetʃérʲá] |
| souperen (ww) | вечерям | [vetʃérʲam] |

| eetlust (de) | апетит (м) | [apetít] |
| Eet smakelijk! | Добър апетит! | [dobér apetít] |

openen (een fles ~)	отварям	[otvárʲam]
morsen (koffie, enz.)	излея	[izléja]
zijn gemorst	излея се	[izléja se]

koken (water kookt bij 100°C)	вря	[vrʲa]
koken (Hoe om water te ~)	варя до кипване	[varʲá do kípvane]
gekookt (~ water)	преварен	[prevarén]

| afkoelen (koeler maken) | охладя | [ohladʲá] |
| afkoelen (koeler worden) | изстудявам се | [isstudʲávam se] |

| smaak (de) | вкус (м) | [fkus] |
| nasmaak (de) | привкус (м) | [prífkus] |

volgen een dieet	отслабвам	[otslábvam]
dieet (het)	диета (ж)	[diéta]
vitamine (de)	витамин (м)	[vitamín]
calorie (de)	калория (ж)	[kalórija]

| vegetariër (de) | вегетарианец (м) | [vegetariánets] |
| vegetarisch (bn) | вегетариански | [vegetariánski] |

vetten (mv.)	мазнини (ж мн)	[maznin í]
eiwitten (mv.)	белтъчини (ж мн)	[beltətʃin í]
koolhydraten (mv.)	въглехидрати (м мн)	[vəglehidráti]
snede (de)	резенче (с)	[rézentʃe]
stuk (bijv. een ~ taart)	парче (с)	[partʃé]
kruimel (de)	троха (ж)	[trohá]

49. Tafelschikking

lepel (de)	лъжица (ж)	[ləʒítsa]
mes (het)	нож (м)	[noʒ]
vork (de)	вилица (ж)	[vílitsa]
kopje (het)	чаша (ж)	[ʧáʃa]
bord (het)	чиния (ж)	[ʧiníja]
schoteltje (het)	чинийка (ж)	[ʧiníjka]
servet (het)	салфетка (ж)	[salfétka]
tandenstoker (de)	клечка (ж) за зъби	[klétʃka za zébi]

50. Restaurant

restaurant (het)	ресторант (м)	[restoránt]
koffiehuis (het)	кафене (с)	[kafené]
bar (de)	бар (м)	[bar]
tearoom (de)	чаен салон (м)	[ʧáen salón]
kelner, ober (de)	сервитьор (м)	[servitʲór]
serveerster (de)	сервитьорка (ж)	[servitʲórka]
barman (de)	барман (м)	[bárman]
menu (het)	меню (с)	[menʲú]
wijnkaart (de)	карта (ж) на виното	[kárta na vínoto]
een tafel reserveren	резервирам масичка	[rezervíram másiʧka]
gerecht (het)	ядене (с)	[jádene]
bestellen (eten ~)	поръчам	[porétʃam]
een bestelling maken	правя поръчка	[právʲa porétʃka]
aperitief (de/het)	аперитив (м)	[aperitív]
voorgerecht (het)	мезе (с)	[mezé]
dessert (het)	десерт (м)	[desért]
rekening (de)	сметка (ж)	[smétka]
de rekening betalen	плащам сметка	[pláʃtam smétka]
wisselgeld teruggeven	връщам ресто	[vréʃtam résto]
fooi (de)	бакшиш (м)	[bakʃíʃ]

Familie, verwanten en vrienden

51. Persoonlijke informatie. Formulieren

naam (de)	име (с)	[íme]
achternaam (de)	фамилия (ж)	[famílija]
geboortedatum (de)	дата (ж) на раждане	[dáta na ráʒdane]
geboorteplaats (de)	място (с) на раждане	[mʲásto na ráʒdane]
nationaliteit (de)	националност (ж)	[natsionálnost]
woonplaats (de)	местожителство (с)	[mestoʒítelstvo]
land (het)	страна (ж)	[straná]
beroep (het)	професия (ж)	[profésija]
geslacht (ov. het vrouwelijk ~)	пол (м)	[pol]
lengte (de)	ръст (м)	[rəst]
gewicht (het)	тегло (с)	[tegló]

52. Familieleden. Verwanten

moeder (de)	майка (ж)	[májka]
vader (de)	баща (м)	[baʃtá]
zoon (de)	син (м)	[sin]
dochter (de)	дъщеря (ж)	[dəʃterʲá]
jongste dochter (de)	по-малка дъщеря (ж)	[po-málka dəʃterʲá]
jongste zoon (de)	по-малък син (м)	[po-málək sin]
oudste dochter (de)	по-голяма дъщеря (ж)	[po-golʲáma dəʃterʲá]
oudste zoon (de)	по-голям син (м)	[po-golʲám sin]
broer (de)	брат (м)	[brat]
zuster (de)	сестра (ж)	[sestrá]
neef (zoon van oom, tante)	братовчед (м)	[bratovtʃét]
nicht (dochter van oom, tante)	братовчедка (ж)	[bratovtʃétka]
mama (de)	мама (ж)	[máma]
papa (de)	татко (м)	[tátko]
ouders (mv.)	родители (м мн)	[rodíteli]
kind (het)	дете (с)	[deté]
kinderen (mv.)	деца (с мн)	[detsá]
oma (de)	баба (ж)	[bába]
opa (de)	дядо (м)	[dʲádo]
kleinzoon (de)	внук (м)	[vnuk]
kleindochter (de)	внучка (ж)	[vnútʃka]
kleinkinderen (mv.)	внуци (м мн)	[vnútsi]

oom (de)	вуйчо (м)	[vújtʃo]
tante (de)	леля (ж)	[léľa]
neef (zoon van broer, zus)	племенник (м)	[plémennik]
nicht (dochter van broer, zus)	племенница (ж)	[plémennitsa]

schoonmoeder (de)	тъща (ж)	[téʃta]
schoonvader (de)	свекър (м)	[svékər]
schoonzoon (de)	зет (м)	[zet]
stiefmoeder (de)	мащеха (ж)	[máʃteha]
stiefvader (de)	пастрок (м)	[pástrok]

zuigeling (de)	кърмаче (с)	[kərmátʃe]
wiegenkind (het)	бебе (с)	[bébe]
kleuter (de)	момченце (с)	[momtʃéntse]

vrouw (de)	жена (ж)	[ʒená]
man (de)	мъж (м)	[məʒ]
echtgenoot (de)	съпруг (м)	[səprúk]
echtgenote (de)	съпруга (ж)	[səprúga]

gehuwd (mann.)	женен	[ʒénen]
gehuwd (vrouw.)	омъжена	[oméʒena]
ongehuwd (mann.)	неженен	[neʒénen]
vrijgezel (de)	ерген (м)	[ergén]
gescheiden (bn)	разведен	[razvéden]
weduwe (de)	вдовица (ж)	[vdovítsa]
weduwnaar (de)	вдовец (м)	[vdovéts]

familielid (het)	роднина (м, ж)	[rodnína]
dichte familielid (het)	близък роднина (м)	[blízək rodnína]
verre familielid (het)	далечен роднина (м)	[dalétʃen rodnína]
familieleden (mv.)	роднини (мн)	[rodníni]

wees (de), weeskind (het)	сирак (м)	[sirák]
voogd (de)	опекун (м)	[opekún]
adopteren (een jongen te ~)	осиновявам	[osinoviávam]
adopteren (een meisje te ~)	осиновявам момиче	[osinoviávam momítʃe]

53. Vrienden. Collega's

vriend (de)	приятел (м)	[prijátel]
vriendin (de)	приятелка (ж)	[prijátelka]
vriendschap (de)	приятелство (с)	[prijátelstvo]
bevriend zijn (ww)	дружа	[druʒá]

makker (de)	приятел (м)	[prijátel]
vriendin (de)	приятелка (ж)	[prijátelka]
partner (de)	партньор (м)	[partniór]

chef (de)	шеф (м)	[ʃef]
baas (de)	началник (м)	[natʃálnik]
ondergeschikte (de)	подчинен (м)	[podtʃinén]
collega (de)	колега (м, ж)	[koléga]
kennis (de)	познат (м)	[poznát]

medereiziger (de)	спътник (м)	[spétnik]
klasgenoot (de)	съученик (м)	[səutʃeník]
buurman (de)	съсед (м)	[səsét]
buurvrouw (de)	съседка (ж)	[səsétka]
buren (mv.)	съседи (м мн)	[səsédi]

54. Man. Vrouw

vrouw (de)	жена (ж)	[ʒená]
meisje (het)	девойка (ж)	[devójka]
bruid (de)	годеница (ж)	[godenítsa]
mooi(e) (vrouw, meisje)	хубава	[húbava]
groot, grote (vrouw, meisje)	висока	[visóka]
slank(e) (vrouw, meisje)	стройна	[strójna]
korte, kleine (vrouw, meisje)	невисок	[nevisók]
blondine (de)	блондинка (ж)	[blondínka]
brunette (de)	брюнетка (ж)	[brʲunétka]
dames- (abn)	дамски	[dámski]
maagd (de)	девственица (ж)	[défstvenitsa]
zwanger (bn)	бременна	[brémenna]
man (de)	мъж (м)	[məʒ]
blonde man (de)	блондин (м)	[blondín]
bruinharige man (de)	брюнет (м)	[brʲunét]
groot (bn)	висок	[visók]
klein (bn)	невисок	[nevisók]
onbeleefd (bn)	груб	[grup]
gedrongen (bn)	едър	[édər]
robuust (bn)	як	[jak]
sterk (bn)	силен	[sílen]
sterkte (de)	сила (ж)	[síla]
mollig (bn)	пълен	[pélen]
getaand (bn)	мургав	[múrgav]
slank (bn)	строен	[stróen]
elegant (bn)	елегантен	[elegánten]

55. Leeftijd

leeftijd (de)	възраст (ж)	[vézrast]
jeugd (de)	младост (ж)	[mládost]
jong (bn)	млад	[mlat]
jonger (bn)	по-малък	[po-málək]
ouder (bn)	по-голям	[po-golʲám]
jongen (de)	младеж (м)	[mladéʒ]
tiener, adolescent (de)	тийнейджър (м)	[tinéjdʒər]

kerel (de)	момък (м)	[mómək]
oude man (de)	старец (м)	[stárets]
oude vrouw (de)	старица (ж)	[stáritsa]

volwassen (bn)	възрастен	[vézrasten]
van middelbare leeftijd (bn)	на средна възраст	[na srédna vézrast]
bejaard (bn)	възрастен	[vézrasten]
oud (bn)	стар	[star]

pensioen (het)	пенсия (ж)	[pénsija]
met pensioen gaan	пенсионирам се	[pensioníram se]
gepensioneerde (de)	пенсионер (м)	[pensionér]

56. Kinderen

kind (het)	дете (с)	[deté]
kinderen (mv.)	деца (с мн)	[detsá]
tweeling (de)	близнаци (м мн)	[bliznátsi]

wieg (de)	люлка (ж)	[lʲúlka]
rammelaar (de)	дрънкалка (ж)	[drənkálka]
luier (de)	памперс (м)	[pámpers]

speen (de)	биберон (м)	[biberón]
kinderwagen (de)	детска количка (ж)	[détska kolítʃka]
kleuterschool (de)	детска градина (ж)	[détska gradína]
babysitter (de)	детегледачка (ж)	[detegledátʃka]

kindertijd (de)	детство (с)	[détstvo]
pop (de)	кукла (ж)	[kúkla]
speelgoed (het)	играчка (ж)	[igrátʃka]
bouwspeelgoed (het)	конструктор (м)	[konstrúktor]
welopgevoed (bn)	възпитан	[vəspítan]
onopgevoed (bn)	невъзпитан	[nevəspítan]
verwend (bn)	разглезен	[razglézen]

stout zijn (ww)	палувам	[palúvam]
stout (bn)	палав	[pálav]
stoutheid (de)	лудория (ж)	[ludoríja]
stouterd (de)	палавник (м)	[pálavnik]

gehoorzaam (bn)	послушен	[poslúʃen]
ongehoorzaam (bn)	непослушен	[neposlúʃen]

braaf (bn)	благоразумен	[blagorazúmen]
slim (verstandig)	умен	[úmen]
wonderkind (het)	вундеркинд (м)	[vúnderkint]

57. Gehuwde paren. Gezinsleven

kussen (een kus geven)	целувам	[tselúvam]
elkaar kussen (ww)	целувам се	[tselúvam se]

gezin (het)	семейство (с)	[seméjstvo]
gezins- (abn)	семеен	[seméen]
paar (het)	двойка (ж)	[dvójka]
huwelijk (het)	брак (м)	[brak]
thuis (het)	семейно огнище (с)	[seméjno ogníʃte]
dynastie (de)	династия (ж)	[dinástija]

date (de)	среща (ж)	[sréʃta]
zoen (de)	целувка (ж)	[tselúfka]

liefde (de)	обич (ж)	[óbitʃ]
liefhebben (ww)	обичам	[obítʃam]
geliefde (bn)	любим	[lʲubím]

tederheid (de)	нежност (ж)	[néʒnost]
teder (bn)	нежен	[néʒen]
trouw (de)	вярност (ж)	[vʲárnost]
trouw (bn)	верен	[véren]
zorg (bijv. bejaarden~)	грижа (ж)	[gríʒa]
zorgzaam (bn)	грижлив	[griʒlív]

jonggehuwden (mv.)	младоженци (м мн)	[mladoʒéntsi]
wittebroodsweken (mv.)	меден месец (м)	[méden mésets]
trouwen (vrouw)	омъжа се	[oméʒa se]
trouwen (man)	женя се	[ʒénʲa se]

bruiloft (de)	сватба (ж)	[svátba]
gouden bruiloft (de)	златна сватба (ж)	[zlátna svádba]
verjaardag (de)	годишнина (ж)	[godíʃnina]

minnaar (de)	любовник (м)	[lʲubóvnik]
minnares (de)	любовница (ж)	[lʲubóvnitsa]

overspel (het)	изневяра (ж)	[iznevʲára]
overspel plegen (ww)	изневерявам	[izneverʲávam]
jaloers (bn)	ревнив	[revnív]
jaloers zijn (echtgenoot, enz.)	ревнувам	[revnúvam]
echtscheiding (de)	развод (м)	[razvót]
scheiden (ww)	развеждам се	[razvéʒdam se]

ruzie hebben (ww)	карам се	[káram se]
vrede sluiten (ww)	сдобрявам се	[zdobrʲávam se]
samen (bw)	заедно	[záedno]
seks (de)	секс (м)	[seks]

geluk (het)	щастие (с)	[ʃtástie]
gelukkig (bn)	щастлив	[ʃtastlív]
ongeluk (het)	нещастие (с)	[neʃtástie]
ongelukkig (bn)	нещастен	[neʃtásten]

Karakter. Gevoelens. Emoties

58. Gevoelens. Emoties

gevoel (het)	чувство (c)	[ʧústvo]
gevoelens (mv.)	чувства (с мн)	[ʧústva]
voelen (ww)	чувствам	[ʧúfstvam]
honger (de)	глад (м)	[glat]
honger hebben (ww)	искам да ям	[ískam da jam]
dorst (de)	жажда (ж)	[ʒáʒda]
dorst hebben	искам да пия	[ískam da píja]
slaperigheid (de)	сънливост (ж)	[sənlívost]
willen slapen	искам да спя	[ískam da spʲa]
moeheid (de)	умора (ж)	[umóra]
moe (bn)	изморен	[izmorén]
vermoeid raken (ww)	уморя се	[umorʲá se]
stemming (de)	настроение (c)	[nastroénie]
verveling (de)	скука (ж)	[skúka]
zich vervelen (ww)	скучая	[skutʃája]
afzondering (de)	самота (ж)	[samotá]
zich afzonderen (ww)	уединявам се	[uedinʲávam se]
bezorgd maken	безпокоя	[bespokojá]
bezorgd zijn (ww)	безпокоя се	[bespokojá se]
zorg (bijv. geld~en)	безпокойство (c)	[bespokójstvo]
ongerustheid (de)	тревога (ж)	[trevóga]
ongerust (bn)	загрижен	[zagríʒen]
zenuwachtig zijn (ww)	нервирам се	[nervíram se]
in paniek raken	паникьосвам се	[panikʲósvam se]
hoop (de)	надежда (ж)	[nadéʒda]
hopen (ww)	надявам се	[nadʲávam se]
zekerheid (de)	увереност (ж)	[uvérenost]
zeker (bn)	уверен	[uvéren]
onzekerheid (de)	неувереност (ж)	[neuvérenost]
onzeker (bn)	неуверен	[neuvéren]
dronken (bn)	пиян	[piján]
nuchter (bn)	трезвен	[trézven]
zwak (bn)	слаб	[slap]
gelukkig (bn)	щастлив	[ʃtastlív]
doen schrikken (ww)	изплаша	[ispláʃa]
toorn (de)	бяс (м)	[bʲas]
woede (de)	ярост (ж)	[járost]
depressie (de)	депресия (ж)	[deprésija]
ongemak (het)	дискомфорт (м)	[diskomfórt]

gemak, comfort (het)	комфорт (м)	[komfórt]
spijt hebben (ww)	съжалявам	[səʒalʲávam]
spijt (de)	съжаление (с)	[səʒalénie]
pech (de)	несполука (ж)	[nespolúka]
bedroefdheid (de)	огорчение (с)	[ogortʃénie]

schaamte (de)	срам (м)	[sram]
pret (de), plezier (het)	веселба (ж)	[veselbá]
enthousiasme (het)	ентусиазъм (м)	[entusiázəm]
enthousiasteling (de)	ентусиаст (м)	[entusiást]
enthousiasme vertonen	ентусиазирам	[entusiazíram]

59. Karakter. Persoonlijkheid

karakter (het)	характер (м)	[harákter]
karakterfout (de)	недостатък (м)	[nedostátək]
verstand (het)	ум (м)	[um]
rede (de)	разум (м)	[rázum]

geweten (het)	съвест (ж)	[sévest]
gewoonte (de)	навик (м)	[návik]
bekwaamheid (de)	способност (ж)	[sposóbnost]
kunnen (bijv., ~ zwemmen)	умея	[uméja]

geduldig (bn)	търпелив	[tərpelív]
ongeduldig (bn)	нетърпелив	[netərpelív]
nieuwsgierig (bn)	любопитен	[lʲubopíten]
nieuwsgierigheid (de)	любопитство (с)	[lʲubopítstvo]

bescheidenheid (de)	скромност (ж)	[skrómnost]
bescheiden (bn)	скромен	[skrómen]
onbescheiden (bn)	нескромен	[neskrómen]

luiheid (de)	мързел (м)	[mérzel]
lui (bn)	мързелив	[mərzelív]
luiwammes (de)	мързеливец (м)	[mərzelívets]

sluwheid (de)	хитрост (ж)	[hítrost]
sluw (bn)	хитър	[hítər]
wantrouwen (het)	недоверие (с)	[nedovérie]
wantrouwig (bn)	недоверчив	[nedovertʃív]

gulheid (de)	щедрост (ж)	[ʃtédrost]
gul (bn)	щедър	[ʃtédər]
talentrijk (bn)	талантлив	[talantlíf]
talent (het)	талант (м)	[talánt]

moedig (bn)	смел	[smel]
moed (de)	смелост (м)	[smélost]
eerlijk (bn)	честен	[tʃésten]
eerlijkheid (de)	честност (ж)	[tʃéstnost]

| voorzichtig (bn) | предпазлив | [predpazlív] |
| manhaftig (bn) | храбър | [hrábər] |

ernstig (bn)	сериозен	[seriózen]
streng (bn)	строг	[strok]

resoluut (bn)	решителен	[reʃítelen]
onzeker, irresoluut (bn)	нерешителен	[nereʃítelen]
schuchter (bn)	свенлив	[svenlív]
schuchterheid (de)	свенливост (ж)	[svenlívost]

vertrouwen (het)	доверие (с)	[dovérie]
vertrouwen (ww)	вярвам	[vʲárvam]
goedgelovig (bn)	доверчив	[dovertʃív]

oprecht (bw)	искрено	[ískreno]
oprecht (bn)	искрен	[ískren]
oprechtheid (de)	искреност (ж)	[ískrenost]
open (bn)	открит	[otkrít]

rustig (bn)	тих	[tih]
openhartig (bn)	откровен	[otkrovén]
naïef (bn)	наивен	[naíven]
verstrooid (bn)	разсеян	[rasséjan]
leuk, grappig (bn)	смешен	[sméʃen]

gierigheid (de)	алчност (ж)	[áltʃnost]
gierig (bn)	алчен	[áltʃen]
inhalig (bn)	стиснат	[stísnat]
kwaad (bn)	зъл	[zəl]
koppig (bn)	инат	[inát]
onaangenaam (bn)	неприятен	[neprijáten]

egoïst (de)	егоист (м)	[egoíst]
egoïstisch (bn)	егоистичен	[egoistítʃen]
lafaard (de)	страхливец (м)	[strahlívets]
laf (bn)	страхлив	[strahlíf]

60. Slaap. Dromen

slapen (ww)	спя	[spʲa]
slaap (in ~ vallen)	сън (м)	[sən]
droom (de)	сън (м)	[sən]
dromen (in de slaap)	сънувам	[sənúvam]
slaperig (bn)	сънен	[sénen]

bed (het)	легло (с)	[legló]
matras (de)	дюшек (м)	[dʲuʃék]
deken (de)	одеяло (с)	[odejálo]
kussen (het)	възглавница (ж)	[vəzglávnitsa]
laken (het)	чаршаф (м)	[tʃarʃáf]

slapeloosheid (de)	безсъние (с)	[bessénie]
slapeloos (bn)	безсънен	[bessénen]
slaapmiddel (het)	приспивателно (с)	[prispivátelno]
slaapmiddel innemen	взимам приспивателно	[vzímam prispivátelno]
willen slapen	искам да спя	[ískam da spʲa]

geeuwen (ww)	прозявам се	[prozʲávam se]
gaan slapen	отивам да спя	[otívam da spʲa]
het bed opmaken	оправям легло	[oprávʲam legló]
inslapen (ww)	заспивам	[zaspívam]

nachtmerrie (de)	кошмар (м)	[koʃmár]
gesnurk (het)	хъркане (с)	[hə́rkane]
snurken (ww)	хъркам	[hə́rkam]

wekker (de)	будилник (м)	[budílnik]
wekken (ww)	събудя	[səbúdʲa]
wakker worden (ww)	събуждам се	[səbúʒdam se]
opstaan (ww)	ставам	[stávam]
zich wassen (ww)	измивам се	[izmívam se]

61. Humor. Gelach. Blijdschap

humor (de)	хумор (м)	[húmor]
gevoel (het) voor humor	чувство (ж) за хумор	[ʧústvo za húmor]
plezier hebben (ww)	веселя се	[veselʲá se]
vrolijk (bn)	весел	[vésel]
pret (de), plezier (het)	веселба (ж)	[veselbá]

glimlach (de)	усмивка (ж)	[usmífka]
glimlachen (ww)	усмихвам се	[usmíhvam se]
beginnen te lachen (ww)	засмея се	[zasméja se]
lachen (ww)	смея се	[sméja se]
lach (de)	смях (м)	[smʲah]

mop (de)	виц (м)	[vits]
grappig (een ~ verhaal)	смешен	[sméʃen]
grappig (~e clown)	смешен	[sméʃen]

grappen maken (ww)	шегувам се	[ʃegúvam se]
grap (de)	шега (ж)	[ʃegá]
blijheid (de)	радост (ж)	[rádost]
blij zijn (ww)	радвам се	[rádvam se]
blij (bn)	радостен	[rádosten]

62. Discussie, conversatie. Deel 1

| communicatie (de) | общуване (с) | [obʃtúvane] |
| communiceren (ww) | общувам | [obʃtúvam] |

conversatie (de)	разговор (м)	[rázgovor]
dialoog (de)	диалог (м)	[dialók]
discussie (de)	дискусия (ж)	[diskúsija]
debat (het)	спор (м)	[spor]
debatteren, twisten (ww)	споря	[spórʲa]

| gesprekspartner (de) | събеседник (м) | [səbesédnik] |
| thema (het) | тема (ж) | [téma] |

standpunt (het)	гледна точка (ж)	[glédna tótʃka]
mening (de)	мнение (с)	[mnénie]
toespraak (de)	слово (с)	[slóvo]

bespreking (de)	обсъждане (с)	[obséʒdane]
bespreken (spreken over)	обсъждам	[obséʒdam]
gesprek (het)	беседа (ж)	[beséda]
spreken (converseren)	беседвам	[besédvam]
ontmoeting (de)	среща (ж)	[sréʃta]
ontmoeten (ww)	срещам се	[sréʃtam se]

spreekwoord (het)	пословица (ж)	[poslóvitsa]
gezegde (het)	поговорка (ж)	[pogovórka]
raadsel (het)	гатанка (ж)	[gátanka]
een raadsel opgeven	задавам гатанка	[zadávam gátanka]
wachtwoord (het)	парола (ж)	[paróla]
geheim (het)	секрет (м)	[sekrét]

eed (de)	клетва (ж)	[klétva]
zweren (een eed doen)	заклевам се	[zaklévam se]
belofte (de)	обещание (с)	[obeʃtánie]
beloven (ww)	обещавам	[obeʃtávam]

advies (het)	съвет (м)	[səvét]
adviseren (ww)	съветвам	[səvétvam]
advies volgen (iemands ~)	слушам	[slúʃam]

nieuws (het)	новина (ж)	[noviná]
sensatie (de)	сензация (ж)	[senzátsija]
informatie (de)	сведения (с мн)	[svédenija]
conclusie (de)	извод (м)	[ízvot]
stem (de)	глас (м)	[glas]
compliment (het)	комплимент (м)	[komplimént]
vriendelijk (bn)	любезен	[lʲubézen]

woord (het)	дума (ж)	[dúma]
zin (de), zinsdeel (het)	фраза (ж)	[fráza]
antwoord (het)	отговор (м)	[ótgovor]

| waarheid (de) | истина (ж) | [ístina] |
| leugen (de) | лъжа (ж) | [ləʒá] |

gedachte (de)	мисъл (ж)	[mísəl]
idee (de/het)	идея (ж)	[idéja]
fantasie (de)	измислица (ж)	[izmíslitsa]

63. Discussie, conversatie. Deel 2

gerespecteerd (bn)	уважаем	[uvaʒáem]
respecteren (ww)	уважавам	[uvaʒávam]
respect (het)	уважение (с)	[uvaʒénie]
Geachte ... (brief)	Уважаем ...	[uvaʒáem]
voorstellen (Mag ik jullie ~)	запозная	[zapoznája]
kennismaken (met ...)	запознавам се	[zapoznávam se]

intentie (de)	намерение (c)	[namerénie]
intentie hebben (ww)	каня се	[kán¹a se]
wens (de)	пожелание (c)	[poʒelánie]
wensen (ww)	пожелая	[poʒelája]

verbazing (de)	учудване (c)	[utʃúdvane]
verbazen (verwonderen)	удивлявам	[udivl¹ávam]
verbaasd zijn (ww)	удивлявам се	[udivl¹ávam se]

geven (ww)	дам	[dam]
nemen (ww)	взема	[vzéma]
teruggeven (ww)	върна	[vérna]
retourneren (ww)	върна	[vérna]

zich verontschuldigen	извинявам се	[izvin¹ávam se]
verontschuldiging (de)	извинение (c)	[izvinénie]
vergeven (ww)	прощавам	[proʃtávam]

spreken (ww)	разговарям	[razgovár¹am]
luisteren (ww)	слушам	[slúʃam]
aanhoren (ww)	изслушам	[isslúʃam]
begrijpen (ww)	разбера	[razberá]

tonen (ww)	покажа	[pokáʒa]
kijken naar ...	гледам	[glédam]
roepen (vragen te komen)	повикам	[povíkam]
afleiden (storen)	отвличам	[otvlítʃam]
storen (lastigvallen)	преча	[prétʃa]
doorgeven (ww)	предам	[predám]

verzoek (het)	молба (ж)	[molbá]
verzoeken (ww)	моля	[mól¹a]
eis (de)	изискване (c)	[izískvane]
eisen (met klem vragen)	изисквам	[izískvam]

beledigen (beledigende namen geven)	дразня	[drázn¹a]
uitlachen (ww)	присмивам се	[prismívam se]
spot (de)	подигравка (ж)	[podigráfka]
bijnaam (de)	пряко (м)	[pr¹ákor]

zinspeling (de)	намек (м)	[námek]
zinspelen (ww)	намеквам	[namékvam]
impliceren (duiden op)	подразбирам	[podrazbíram]

beschrijving (de)	описание (c)	[opisánie]
beschrijven (ww)	опиша	[opíʃa]
lof (de)	похвала (ж)	[pohvála]
loven (ww)	похваля	[pohvál¹a]

teleurstelling (de)	разочарование (c)	[razotʃarovánie]
teleurstellen (ww)	разочаровам	[razotʃaróvam]
teleurgesteld zijn (ww)	разочаровам се	[razotʃaróvam se]

| veronderstelling (de) | предположение (c) | [predpoloʒénie] |
| veronderstellen (ww) | предполагам | [pretpolágam] |

| waarschuwing (de) | предпазване (c) | [predpázvane] |
| waarschuwen (ww) | предпазя | [pretpázʲa] |

64. Discussie, conversatie. Deel 3

| aanpraten (ww) | уговоря | [ugovórʲa] |
| kalmeren (kalm maken) | успокоявам | [uspokojávam] |

stilte (de)	мълчание (c)	[məltʃánie]
zwijgen (ww)	мълча	[məltʃá]
fluisteren (ww)	шепна	[ʃépna]
gefluister (het)	шепот (m)	[ʃépot]

| open, eerlijk (bw) | откровено | [otkrovéno] |
| volgens mij ... | според мен ... | [spóret men] |

detail (het)	подробност (ж)	[podróbnost]
gedetailleerd (bn)	подробен	[podróben]
gedetailleerd (bw)	подробно	[podróbno]

| hint (de) | подсказка (ж) | [potskáska] |
| een hint geven | подскажа | [potskáʒa] |

blik (de)	поглед (m)	[póglet]
een kijkje nemen	погледна	[poglédna]
strak (een ~ke blik)	неподвижен	[nepodvíʒen]
knipperen (ww)	мигам	[mígam]
knipogen (ww)	мигна	[mígna]
knikken (ww)	кимна	[kímna]

zucht (de)	въздишка (ж)	[vəzdíʃka]
zuchten (ww)	въздъхна	[vəzdéhna]
huiveren (ww)	стряскам се	[strʲáskam se]
gebaar (het)	жест (m)	[ʒest]
aanraken (ww)	докосна се	[dokósna se]
grijpen (ww)	хващам	[hváʃtam]
een schouderklopje geven	тупам	[túpam]

Kijk uit!	Внимавай!	[vnimávaj]
Echt?	Нима?	[nimá]
Succes!	Късмет!	[kəsmét]
Juist, ja!	Ясно!	[jásno]
Wat jammer!	Жалко!	[ʒálko]

65. Overeenstemming. Weigering

instemming (het)	съгласие (c)	[səglásie]
instemmen (akkoord gaan)	съгласявам се	[səglasʲávam se]
goedkeuring (de)	одобрение (c)	[odobrénie]
goedkeuren (ww)	одобря	[odobrʲá]
weigering (de)	отказ (m)	[ótkaz]
weigeren (ww)	отказвам се	[otkázvam se]

Geweldig!	Отлично!	[otlítʃno]
Goed!	Добре!	[dobré]
Akkoord!	Дадено!	[dádeno]

verboden (bn)	забранен	[zabranén]
het is verboden	забранено	[zabranéno]
onjuist (bn)	грешен	[gréʃen]

afwijzen (ww)	отклоня	[otklonʲá]
steunen	подкрепям	[potkrepʲám]
(een goed doel, enz.)		
aanvaarden (excuses ~)	приема	[priéma]

bevestigen (ww)	потвърдя	[potvərdʲá]
bevestiging (de)	потвърждение (c)	[potvərʒdénie]
toestemming (de)	разрешение (c)	[razreʃénie]
toestaan (ww)	разреша	[razreʃá]
beslissing (de)	решение (c)	[reʃénie]
z'n mond houden (ww)	премълча	[preməltʃá]

voorwaarde (de)	условие (c)	[uslóvie]
smoes (de)	привидна причина (ж)	[privídna pritʃína]
lof (de)	похвала (ж)	[pohvála]
loven (ww)	похваля	[pohválʲa]

66. Succes. Veel geluk. Mislukking

succes (het)	успех (м)	[uspéh]
succesvol (bw)	успешно	[uspéʃno]
succesvol (bn)	успешен	[uspéʃen]

| geluk (het) | сполука (ж) | [spolúka] |
| Succes! | Късмет! | [kəsmét] |

| geluks- (bn) | сполучлив | [spolutʃlíf] |
| gelukkig (fortuinlijk) | успешен | [uspéʃen] |

mislukking (de)	несполука (ж)	[nespolúka]
tegenslag (de)	несполука (ж)	[nespolúka]
pech (de)	нещастие (c)	[neʃtástie]

| zonder succes (bn) | несполучлив | [nespolutʃlív] |
| catastrofe (de) | катастрофа (ж) | [katastrófa] |

fierheid (de)	гордост (ж)	[górdost]
fier (bn)	горд	[gort]
fier zijn (ww)	гордея се	[gordéja se]

winnaar (de)	победител (м)	[pobedítel]
winnen (ww)	победя	[pobedʲá]
verliezen (ww)	загубя	[zagúbʲa]
poging (de)	опит (м)	[ópit]
pogen, proberen (ww)	опитвам се	[opítvam se]
kans (de)	шанс (м)	[ʃans]

67. Ruzies. Negatieve emoties

schreeuw (de)	вик (м)	[vik]
schreeuwen (ww)	викам	[víkam]
beginnen te schreeuwen	закрещя	[zakreʃtʲá]
ruzie (de)	караница (ж)	[káranitsa]
ruzie hebben (ww)	карам се	[káram se]
schandaal (het)	скандал (м)	[skandál]
schandaal maken (ww)	правя скандали	[právʲa skandáli]
conflict (het)	конфликт (м)	[konflíkt]
misverstand (het)	недоразумение (с)	[nedorazuménie]
belediging (de)	оскърбление (с)	[oskərblénie]
beledigen	оскърбявам	[oskərbʲávam]
(met scheldwoorden)		
beledigd (bn)	оскърбен	[oskərbén]
krenking (de)	обида (ж)	[obída]
krenken (beledigen)	обидя	[obídʲa]
gekwetst worden (ww)	обидя се	[obídʲa se]
verontwaardiging (de)	възмущение (с)	[vəzmuʃténie]
verontwaardigd zijn (ww)	възмущавам се	[vəzmuʃtávam se]
klacht (de)	оплакване (с)	[oplákvane]
klagen (ww)	оплаквам се	[oplákvam se]
verontschuldiging (de)	извинение (с)	[izvinénie]
zich verontschuldigen	извинявам се	[izvinʲávam se]
excuus vragen	моля за прошка	[mólʲa za próʃka]
kritiek (de)	критика (ж)	[krítika]
bekritiseren (ww)	критикувам	[kritikúvam]
beschuldiging (de)	обвинение (с)	[obvinénie]
beschuldigen (ww)	обвинявам	[obvinʲávam]
wraak (de)	отмъщение (с)	[otməʃténie]
wreken (ww)	отмъщавам	[otməʃtávam]
wraak nemen (ww)	отплатя	[otplatʲá]
minachting (de)	презрение (с)	[prezrénie]
minachten (ww)	презирам	[prezíram]
haat (de)	омраза (ж)	[omráza]
haten (ww)	мразя	[mrázʲa]
zenuwachtig (bn)	нервен	[nérven]
zenuwachtig zijn (ww)	нервирам се	[nervíram se]
boos (bn)	сърдит	[sərdít]
boos maken (ww)	разсърдя	[rassérdʲa]
vernedering (de)	унижение (с)	[uniʒénie]
vernederen (ww)	унижавам	[uniʒávam]
zich vernederen (ww)	унижавам се	[uniʒávam se]
schok (de)	шок (м)	[ʃok]
schokken (ww)	шокирам	[ʃokíram]

onaangenaamheid (de)	неприятност (ж)	[neprijátnost]
onaangenaam (bn)	неприятен	[neprijáten]
vrees (de)	страх (м)	[strah]
vreselijk (bijv. ~ onweer)	силен	[sílen]
eng (bn)	страшен	[stráʃen]
gruwel (de)	ужас (м)	[úʒas]
vreselijk (~ nieuws)	ужасен	[uʒásen]
beginnen te beven	затреперя	[zatrepér¡a]
huilen (wenen)	плача	[plátʃa]
beginnen te huilen (wenen)	заплача	[zaplátʃa]
traan (de)	сълза (ж)	[səlzá]
schuld (~ geven aan)	вина (ж)	[viná]
schuldgevoel (het)	вина (ж)	[viná]
schande (de)	позор (м)	[pozór]
protest (het)	протест (м)	[protést]
stress (de)	стрес (м)	[stres]
storen (lastigvallen)	безпокоя	[bespokojá]
kwaad zijn (ww)	ядосвам се	[jadósvam se]
kwaad (bn)	зъл	[zəl]
beëindigen (een relatie ~)	прекъсвам	[prekésvam]
vloeken (ww)	карам се	[káram se]
schrikken (schrik krijgen)	плаша се	[pláʃa se]
slaan (iemand ~)	удара	[udár¡a]
vechten (ww)	бия се	[bíja se]
regelen (conflict)	урегулирам	[uregulíram]
ontevreden (bn)	недоволен	[nedovólen]
woedend (bn)	яростен	[járosten]
Dat is niet goed!	Това не е хубаво!	[tová ne e húbavo]
Dat is slecht!	Това е лошо!	[tová e lóʃo]

Geneeskunde

68. Ziekten

ziekte (de)	болест (ж)	[bólest]
ziek zijn (ww)	боледувам	[boledúvam]
gezondheid (de)	здраве (с)	[zdráve]
snotneus (de)	хрема (ж)	[hréma]
angina (de)	ангина (ж)	[angína]
verkoudheid (de)	настинка (ж)	[nastínka]
verkouden raken (ww)	настина	[nastína]
bronchitis (de)	бронхит (м)	[bronhít]
longontsteking (de)	пневмония (ж)	[pnevmoníja]
griep (de)	грип (м)	[grip]
bijziend (bn)	късоглед	[kəsoglét]
verziend (bn)	далекоглед	[dalekoglét]
scheelheid (de)	кривогледство (с)	[krivoglétstvo]
scheel (bn)	кривоглед	[krivoglét]
grauwe staar (de)	катаракта (ж)	[katarákta]
glaucoom (het)	глаукома (ж)	[glaukóma]
beroerte (de)	инсулт (м)	[insúlt]
hartinfarct (het)	инфаркт (м)	[infárkt]
myocardiaal infarct (het)	инфаркт (м) на миокарда	[infárkt na miokárda]
verlamming (de)	парализа (ж)	[paráliza]
verlammen (ww)	парализирам	[paralizíram]
allergie (de)	алергия (ж)	[alérgija]
astma (de/het)	астма (ж)	[ástma]
diabetes (de)	диабет (м)	[diabét]
tandpijn (de)	зъбобол (м)	[zəboból]
tandbederf (het)	кариес (м)	[káries]
diarree (de)	диария (ж)	[diárija]
constipatie (de)	запек (м)	[zápek]
maagstoornis (de)	разстройство (с) на стомаха	[rastrójstvo na stomáha]
voedselvergiftiging (de)	отравяне (с)	[otrávʲane]
voedselvergiftiging oplopen	отровя се	[otróvʲa se]
artritis (de)	артрит (м)	[artrít]
rachitis (de)	рахит (м)	[rahít]
reuma (het)	ревматизъм (м)	[revmatízəm]
arteriosclerose (de)	атеросклероза (ж)	[ateroskleróza]
gastritis (de)	гастрит (м)	[gastrít]
blindedarmontsteking (de)	апандисит (м)	[apandisít]

| galblaasontsteking (de) | холецистит (м) | [holetsistít] |
| zweer (de) | язва (ж) | [jázva] |

mazelen (mv.)	дребна шарка (ж)	[drébna ʃárka]
rodehond (de)	шарка (ж)	[ʃárka]
geelzucht (de)	жълтеница (ж)	[ʒəltenítsa]
leverontsteking (de)	хепатит (м)	[hepatít]

schizofrenie (de)	шизофрения (ж)	[ʃizofreníja]
dolheid (de)	бяс (м)	[bʲas]
neurose (de)	невроза (ж)	[nevróza]
hersenschudding (de)	сътресение (с) на мозъка	[sətresénie na mózəka]

kanker (de)	рак (м)	[rak]
sclerose (de)	склероза (ж)	[skleróza]
multiple sclerose (de)	множествена склероза (ж)	[mnóʒestvena skleróza]

alcoholisme (het)	алкохолизъм (м)	[alkoholízəm]
alcoholicus (de)	алкохолик (м)	[alkoholík]
syfilis (de)	сифилис (м)	[sífilis]
AIDS (de)	СПИН (м)	[spin]

tumor (de)	тумор (м)	[túmor]
kwaadaardig (bn)	злокачествен	[zlokátʃestven]
goedaardig (bn)	доброкачествен	[dobrokátʃestven]

koorts (de)	треска (ж)	[tréska]
malaria (de)	малария (ж)	[malárija]
gangreen (het)	гангрена (ж)	[gangréna]
zeeziekte (de)	морска болест (ж)	[mórska bólest]
epilepsie (de)	епилепсия (ж)	[epilépsija]

epidemie (de)	епидемия (ж)	[epidémija]
tyfus (de)	тиф (м)	[tif]
tuberculose (de)	туберкулоза (ж)	[tuberkulóza]
cholera (de)	холера (ж)	[holéra]
pest (de)	чума (ж)	[tʃúma]

69. Symptomen. Behandelingen. Deel 1

symptoom (het)	симптом (м)	[simptóm]
temperatuur (de)	температура (ж)	[temperatúra]
verhoogde temperatuur (de)	висока температура (ж)	[visóka temperatúra]
polsslag (de)	пулс (м)	[puls]

duizeling (de)	световъртеж (м)	[svetovərtéʃ]
heet (erg warm)	горещ	[goréʃt]
koude rillingen (mv.)	тръпки (ж мн)	[trépki]
bleek (bn)	бледен	[bléden]

hoest (de)	кашлица (ж)	[káʃlitsa]
hoesten (ww)	кашлям	[káʃlʲam]
niezen (ww)	кихам	[kíham]
flauwte (de)	припадък (м)	[pripádək]

flauwvallen (ww)	припадна	[pripádna]
blauwe plek (de)	синина (ж)	[sininá]
buil (de)	подутина (ж)	[podutiná]
zich stoten (ww)	удяря се	[udárʲa se]
kneuzing (de)	натъртване (c)	[natértvane]
kneuzen (gekneusd zijn)	удяря се	[udárʲa se]

hinken (ww)	куцам	[kútsam]
verstuiking (de)	изкълчване (c)	[iskéltʃvane]
verstuiken (enkel, enz.)	навехна	[navéhna]
breuk (de)	фрактура (ж)	[fraktúra]
een breuk oplopen	счупя	[stʃúpʲa]

snijwond (de)	порязване (c)	[porʲázvane]
zich snijden (ww)	порежа се	[poréʒa se]
bloeding (de)	кръвотечение (c)	[krəvotetʃénie]

| brandwond (de) | изгаряне (c) | [izgárʲane] |
| zich branden (ww) | опаря се | [opárʲa se] |

prikken (ww)	бодна	[bódna]
zich prikken (ww)	убода се	[ubodá se]
blesseren (ww)	нараня	[naranʲá]
blessure (letsel)	рана (ж)	[rána]
wond (de)	рана (ж)	[rána]
trauma (het)	травма (ж)	[trávma]

ijlen (ww)	бълнувам	[bəlnúvam]
stotteren (ww)	заеквам	[zaékvam]
zonnesteek (de)	слънчев удар (м)	[sléntʃev údar]

70. Symptomen. Behandelingen. Deel 2

| pijn (de) | болка (ж) | [bólka] |
| splinter (de) | трънче (c) | [trəntʃe] |

zweet (het)	пот (ж)	[pot]
zweten (ww)	потя се	[potʲá se]
braking (de)	повръщане (c)	[povréʃtane]
stuiptrekkingen (mv.)	гърчове (м мн)	[gértʃove]

zwanger (bn)	бременна	[brémenna]
geboren worden (ww)	родя се	[rodʲá se]
geboorte (de)	раждане (c)	[ráʒdane]
baren (ww)	раждам	[ráʒdam]
abortus (de)	аборт (м)	[abórt]

ademhaling (de)	дишане (c)	[díʃane]
inademing (de)	вдишване (c)	[vdíʃvane]
uitademing (de)	издишване (c)	[izdíʃvane]
uitademen (ww)	издишам	[izdíʃam]
inademen (ww)	направя вдишване	[naprávʲa vdíʃvane]
invalide (de)	инвалид (м)	[invalít]
gehandicapte (de)	сакат човек (м)	[sakát tʃovék]

drugsverslaafde (de)	наркоман (м)	[narkomán]
doof (bn)	глух	[gluh]
stom (bn)	ням	[nʲam]
doofstom (bn)	глухоням	[gluhonʲám]

krankzinnig (bn)	луд	[lut]
krankzinnige (man)	луд (м)	[lut]
krankzinnige (vrouw)	луда (ж)	[lúda]
krankzinnig worden	полудея	[poludéja]

gen (het)	ген (м)	[gen]
immuniteit (de)	имунитет (м)	[imunitét]
erfelijk (bn)	наследствен	[naslétstven]
aangeboren (bn)	вроден	[vrodén]

virus (het)	вирус (м)	[vírus]
microbe (de)	микроб (м)	[mikróp]
bacterie (de)	бактерия (ж)	[baktérija]
infectie (de)	инфекция (ж)	[inféktsija]

71. Symptomen. Behandelingen. Deel 3

| ziekenhuis (het) | болница (ж) | [bólnitsa] |
| patiënt (de) | пациент (м) | [patsiént] |

diagnose (de)	диагноза (ж)	[diagnóza]
genezing (de)	лекуване (с)	[lekúvane]
medische behandeling (de)	лекуване (с)	[lekúvane]
onder behandeling zijn	лекувам се	[lekúvam se]
behandelen (ww)	лекувам	[lekúvam]
zorgen (zieken ~)	грижа се	[gríʒa se]
ziekenzorg (de)	грижа (ж)	[gríʒa]

operatie (de)	операция (ж)	[operátsija]
verbinden (een arm ~)	превържа	[prevə́rʒa]
verband (het)	превързване (с)	[prevə́rzvane]

vaccin (het)	ваксиниране (с)	[vaksinírane]
inenten (vaccineren)	ваксинирам	[vaksiníram]
injectie (de)	инжекция (ж)	[inʒéktsija]
een injectie geven	инжектирам	[inʒektíram]

aanval (de)	пристъп, припа́дък (м)	[prístəp], [pripadək]
amputatie (de)	ампутация (ж)	[amputátsija]
amputeren (ww)	ампутирам	[amputíram]
coma (het)	кома (ж)	[kóma]
in coma liggen	намирам се в кома	[namíram se v kóma]
intensieve zorg, ICU (de)	реанимация (ж)	[reanimátsija]

zich herstellen (ww)	оздравявам	[ozdravʲávam]
toestand (de)	състояние (с)	[səstojánie]
bewustzijn (het)	съзнание (с)	[səznánie]
geheugen (het)	памет (ж)	[pámet]
trekken (een kies ~)	вадя	[vádʲa]

| vulling (de) | пломба (ж) | [plómba] |
| vullen (ww) | пломбирам | [plombíram] |

| hypnose (de) | хипноза (ж) | [hipnóza] |
| hypnotiseren (ww) | хипнотизирам | [hipnotizíram] |

72. Artsen

dokter, arts (de)	лекар (м)	[lékar]
ziekenzuster (de)	медицинска сестра (ж)	[meditsínska sestrá]
lijfarts (de)	личен лекар (м)	[líʧen lékar]

tandarts (de)	зъболекар (м)	[zəbolékar]
oogarts (de)	очен лекар (м)	[óʧen lékar]
therapeut (de)	терапевт (м)	[terapéft]
chirurg (de)	хирург (м)	[hirúrk]

psychiater (de)	психиатър (м)	[psihiátər]
pediater (de)	педиатър (м)	[pediátər]
psycholoog (de)	психолог (м)	[psiholók]
gynaecoloog (de)	гинеколог (м)	[ginekolók]
cardioloog (de)	кардиолог (м)	[kardiolók]

73. Geneeskunde. Medicijnen. Accessoires

geneesmiddel (het)	лекарство (с)	[lekárstvo]
middel (het)	средство (с)	[srétstvo]
voorschrijven (ww)	предпиша	[pretpíʃa]
recept (het)	рецепта (ж)	[retsépta]

tablet (de/het)	таблетка (ж)	[tablétka]
zalf (de)	мехлем (м)	[mehlém]
ampul (de)	ампула (ж)	[ampúla]
drank (de)	микстура (ж)	[mikstúra]
siroop (de)	сироп (м)	[siróp]
pil (de)	хапче (с)	[hápʧe]
poeder (de/het)	прах (м)	[prah]

verband (het)	бинт (м)	[bint]
watten (mv.)	памук (м)	[pamúk]
jodium (het)	йод (м)	[jot]

pleister (de)	пластир (м)	[plastír]
pipet (de)	капкомер (м)	[kapkomér]
thermometer (de)	термометър (м)	[termométər]
spuit (de)	спринцовка (ж)	[sprintsófka]
rolstoel (de)	инвалидна количка (ж)	[invalídna kolíʧka]
krukken (mv.)	патерици (ж мн)	[páteritsi]

| pijnstiller (de) | обезболяващо средство (с) | [obezboľávaʃto srétstvo] |
| laxeermiddel (het) | очистително (с) | [oʧistítelno] |

spiritus (de)	спирт (м)	[spirt]
medicinale kruiden (mv.)	билка (ж)	[bílka]
kruiden- (abn)	билков	[bílkov]

74. Roken. Tabaksproducten

tabak (de)	тютюн (м)	[tʲutʲún]
sigaret (de)	цигара (ж)	[tsigára]
sigaar (de)	пура (ж)	[púra]
pijp (de)	лула (ж)	[lulá]
pakje (~ sigaretten)	кутия (ж)	[kutíja]

lucifers (mv.)	кибрит (м)	[kibrít]
luciferdoosje (het)	кибритена кутийка (ж)	[kibrítena kutíjka]
aansteker (de)	запалка (ж)	[zapálka]
asbak (de)	пепелник (м)	[pepelník]
sigarettendoosje (het)	табакера (ж)	[tabakéra]

sigarettenpijpje (het)	мундщук (м)	[mundʃtúk]
filter (de/het)	филтър (м)	[fíltər]

roken (ww)	пуша	[púʃa]
een sigaret opsteken	запаля	[zapálʲa]
roken (het)	пушене (с)	[púʃene]
roker (de)	пушач (м)	[puʃátʃ]

peuk (de)	фас (м)	[fas]
rook (de)	пушек (м)	[púʃek]
as (de)	пепел (ж)	[pépel]

HET MENSELIJKE LEEFGEBIED

Stad

75. Stad. Het leven in de stad

stad (de)	град (м)	[grat]
hoofdstad (de)	столица (ж)	[stólitsa]
dorp (het)	село (с)	[sélo]
plattegrond (de)	план (м) на града	[plan na gradá]
centrum (ov. een stad)	център (м) на града	[tséntər na gradá]
voorstad (de)	предградие (с)	[predgrádie]
voorstads- (abn)	крайградски	[krajgrátski]
randgemeente (de)	покрайнина (ж)	[pokrajniná]
omgeving (de)	околности (мн)	[okólnosti]
blok (huizenblok)	квартал (м)	[kvartál]
woonwijk (de)	жилищен квартал (м)	[ʒíliʃten kvartál]
verkeer (het)	движение (с)	[dviʒénie]
verkeerslicht (het)	светофар (м)	[svetofár]
openbaar vervoer (het)	градски транспорт (м)	[grátski transpórt]
kruispunt (het)	кръстовище (с)	[krəstóviʃte]
zebrapad (oversteekplaats)	зебра (ж)	[zébra]
onderdoorgang (de)	подлез (м)	[pódlez]
oversteken (de straat ~)	пресичам	[presíʧam]
voetganger (de)	пешеходец (м)	[peʃehódets]
trottoir (het)	тротоар (м)	[trotoár]
brug (de)	мост (м)	[most]
dijk (de)	кей (м)	[kej]
fontein (de)	фонтан (м)	[fontán]
allee (de)	алея (ж)	[aléja]
park (het)	парк (м)	[park]
boulevard (de)	булевард (м)	[bulevárt]
plein (het)	площад (м)	[ploʃtát]
laan (de)	авеню (с)	[avenʲú]
straat (de)	улица (ж)	[úlitsa]
zijstraat (de)	пресечка (ж)	[presétʃka]
doodlopende straat (de)	задънена улица (ж)	[zadénena úlitsa]
huis (het)	къща (ж)	[kéʃta]
gebouw (het)	сграда (ж)	[zgráda]
wolkenkrabber (de)	небостъргач (м)	[nebostərgátʃ]
gevel (de)	фасада (ж)	[fasáda]
dak (het)	покрив (м)	[pókriv]

venster (het)	прозорец (м)	[prozórets]
boog (de)	арка (ж)	[árka]
pilaar (de)	колона (ж)	[kolóna]
hoek (ov. een gebouw)	ъгъл (м)	[ə́gəl]

vitrine (de)	витрина (ж)	[vitrína]
gevelreclame (de)	табела (ж)	[tabéla]
affiche (de/het)	афиш (м)	[afíʃ]
reclameposter (de)	постер (м)	[póster]
aanplakbord (het)	билборд (м)	[bilbórt]

vuilnis (de/het)	боклук (м)	[boklúk]
vuilnisbak (de)	кошче (с)	[kóʃʧe]
afval weggooien (ww)	правя боклук	[právʲa boklúk]
stortplaats (de)	сметище (с)	[smétiʃte]

telefooncel (de)	телефонна будка (ж)	[telefónna bútka]
straatlicht (het)	стълб (м) с фенер	[stəlp s fenér]
bank (de)	пейка (ж)	[péjka]

politieagent (de)	полицай (м)	[politsáj]
politie (de)	полиция (ж)	[polítsija]
zwerver (de)	сиромах (м)	[siromáh]
dakloze (de)	бездомник (м)	[bezdómnik]

76. Stedelijke instellingen

winkel (de)	магазин (м)	[magazín]
apotheek (de)	аптека (ж)	[aptéka]
optiek (de)	оптика (ж)	[óptika]
winkelcentrum (het)	търговски център (м)	[tərgófski tséntər]
supermarkt (de)	супермаркет (м)	[supermárket]

bakkerij (de)	хлебарница (ж)	[hlebárnitsa]
bakker (de)	фурнаджия (ж)	[furnadʒíja]
banketbakkerij (de)	сладкарница (ж)	[slatkárnitsa]
kruidenier (de)	бакалия (ж)	[bakalíja]
slagerij (de)	месарница (ж)	[mesárnitsa]

| groentewinkel (de) | магазин (м) за плодове и зеленчуци | [magazín za plodové i zelenʧútsi] |
| markt (de) | пазар (м) | [pazár] |

koffiehuis (het)	кафене (с)	[kafené]
restaurant (het)	ресторант (м)	[restoránt]
bar (de)	бирария (ж)	[birárija]
pizzeria (de)	пицария (ж)	[pitsaríja]

kapperssalon (de/het)	фризьорски салон (м)	[frizʲórski salón]
postkantoor (het)	поща (ж)	[póʃta]
stomerij (de)	химическо чистене (с)	[himíʧesko ʧístene]
fotostudio (de)	фотостудио (с)	[fotostúdio]
schoenwinkel (de)	магазин (м) за обувки	[magazín za obúfki]
boekhandel (de)	книжарница (ж)	[kniʒárnitsa]

sportwinkel (de)	магазин (м) за спортни стоки	[magazín za spórtni stóki]
kledingreparatie (de)	поправка (ж) на дрехи	[popráfka na dréhi]
kledingverhuur (de)	дрехи (ж мн) под наем	[dréhi pot náem]
videotheek (de)	филми (м мн) под наем	[fílmi pot náem]

circus (de/het)	цирк (м)	[tsirk]
dierentuin (de)	зоологическа градина (ж)	[zoologítʃeska gradína]
bioscoop (de)	кино (с)	[kíno]
museum (het)	музей (м)	[muzéj]
bibliotheek (de)	библиотека (ж)	[bibliotéka]

theater (het)	театър (м)	[teátər]
opera (de)	опера (ж)	[ópera]
nachtclub (de)	нощен клуб (м)	[nóʃten klup]
casino (het)	казино (с)	[kazíno]

moskee (de)	джамия (ж)	[dʒamíja]
synagoge (de)	синагога (ж)	[sinagóga]
kathedraal (de)	катедрала (ж)	[katedrála]
tempel (de)	храм (м)	[hram]
kerk (de)	църква (ж)	[tsərkva]

instituut (het)	институт (м)	[institút]
universiteit (de)	университет (м)	[universitét]
school (de)	училище (с)	[utʃíliʃte]

gemeentehuis (het)	префектура (ж)	[prefektúra]
stadhuis (het)	кметство (с)	[kmétstvo]
hotel (het)	хотел (м)	[hotél]
bank (de)	банка (ж)	[bánka]

ambassade (de)	посолство (с)	[posólstvo]
reisbureau (het)	туристическа агенция (ж)	[turistítʃeska agéntsija]
informatieloket (het)	справки (м мн)	[spráfki]
wisselkantoor (het)	обменно бюро (с)	[obménno bʲúro]

| metro (de) | метро (с) | [metró] |
| ziekenhuis (het) | болница (ж) | [bólnitsa] |

| benzinestation (het) | бензиностанция (ж) | [benzino-stántsija] |
| parking (de) | паркинг (м) | [párking] |

77. Stedelijk vervoer

bus, autobus (de)	автобус (м)	[aftobús]
tram (de)	трамвай (м)	[tramváj]
trolleybus (de)	тролей (м)	[troléj]
route (de)	маршрут (м)	[marʃrút]
nummer (busnummer, enz.)	номер (м)	[nómer]

rijden met …	пътувам с …	[pətúvam s]
stappen (in de bus ~)	качвам се в …	[kátʃvam se v]
afstappen (ww)	сляза от …	[slʲáza ot]

halte (de)	спирка (ж)	[spírka]
volgende halte (de)	следваща спирка (ж)	[slédvaʃta spírka]
eindpunt (het)	последна спирка (ж)	[poslédna spírka]
dienstregeling (de)	разписание (c)	[raspisánie]
wachten (ww)	чакам	[ʧákam]

| kaartje (het) | билет (м) | [bilét] |
| reiskosten (de) | цена (ж) на билета | [tsená na biléta] |

kassier (de)	касиер (м)	[kasiér]
kaartcontrole (de)	контрола (ж)	[kontróla]
controleur (de)	контрольор (м)	[kontrolʲór]

te laat zijn (ww)	закъснявам	[zakəsnʲávam]
missen (de bus ~)	закъснея за ...	[zakəsnéja za]
zich haasten (ww)	бързам	[bérzam]

taxi (de)	такси (c)	[taksí]
taxichauffeur (de)	таксиметров шофьор (м)	[taksimétrof ʃofʲór]
met de taxi (bw)	с такси	[s taksí]
taxistandplaats (de)	пиаца (ж) на такси	[piátsa na taksí]
een taxi bestellen	извикам такси	[izvíkam taksí]
een taxi nemen	взема такси	[vzéma taksí]

verkeer (het)	улично движение (c)	[úliʧno dviʒénie]
file (de)	задръстване (c)	[zadréstvane]
spitsuur (het)	час пик (м)	[ʧas pík]
parkeren (on.ww.)	паркирам се	[parkíram se]
parkeren (ov.ww.)	паркирам	[párkiram]
parking (de)	паркинг (м)	[párking]

metro (de)	метро (c)	[metró]
halte (bijv. kleine treinhalte)	станция (ж)	[stántsija]
de metro nemen	пътувам с метро	[pətúvam s metró]
trein (de)	влак (м)	[vlak]
station (treinstation)	гара (ж)	[gára]

78. Bezienswaardigheden

monument (het)	паметник (м)	[pámetnik]
vesting (de)	крепост (ж)	[krépost]
paleis (het)	дворец (м)	[dvoréts]
kasteel (het)	замък (м)	[zámək]
toren (de)	кула (ж)	[kúla]
mausoleum (het)	мавзолей (м)	[mavzoléj]

architectuur (de)	архитектура (ж)	[arhitektúra]
middeleeuws (bn)	средновековен	[srednovekóven]
oud (bn)	старинен	[starínen]
nationaal (bn)	национален	[natsionálen]
bekend (bn)	известен	[izvésten]

| toerist (de) | турист (м) | [turíst] |
| gids (de) | гид (м) | [git] |

rondleiding (de)	екскурзия (ж)	[ekskúrzija]
tonen (ww)	показвам	[pokázvam]
vertellen (ww)	разказвам	[raskázvam]

vinden (ww)	намеря	[namérʲa]
verdwalen (de weg kwijt zijn)	загубя се	[zagúbʲa se]
plattegrond (~ van de metro)	схема (ж)	[shéma]
plattegrond (~ van de stad)	план (м)	[plan]

souvenir (het)	сувенир (м)	[suvenír]
souvenirwinkel (de)	сувенирен магазин (м)	[suveníren magazín]
foto's maken	снимам	[snímam]
zich laten fotograferen	снимам се	[snímam se]

79. Winkelen

kopen (ww)	купувам	[kupúvam]
aankoop (de)	покупка (ж)	[pokúpka]
winkelen (ww)	пазарувам	[pazarúvam]
winkelen (het)	пазаруване (с)	[pazarúvane]

open zijn	работя	[rabótʲa]
(ov. een winkel, enz.)		
gesloten zijn (ww)	затваря се	[zatvárʲa se]

schoeisel (het)	обувки (ж мн)	[obúfki]
kleren (mv.)	облекло (с)	[obleklóʲ]
cosmetica (mv.)	козметика (ж)	[kozmétika]
voedingswaren (mv.)	продукти (м мн)	[prodúkti]
geschenk (het)	подарък (м)	[podárək]

| verkoper (de) | продавач (м) | [prodavátʃ] |
| verkoopster (de) | продавачка (ж) | [prodavátʃka] |

kassa (de)	каса (ж)	[kása]
spiegel (de)	огледало (с)	[ogledálo]
toonbank (de)	щанд (м)	[ʃtant]
paskamer (de)	пробна (ж)	[próbna]

aanpassen (ww)	пробвам	[próbvam]
passen (ov. kleren)	подхождам	[podhóʒdam]
bevallen (prettig vinden)	харесвам	[harésvam]

prijs (de)	цена (ж)	[tsená]
prijskaartje (het)	етикет (м)	[etikét]
kosten (ww)	струвам	[strúvam]
Hoeveel?	Колко?	[kólko]
korting (de)	намаление (с)	[namalénie]

niet duur (bn)	нескъп	[neskǝp]
goedkoop (bn)	евтин	[éftin]
duur (bn)	скъп	[skǝp]
Dat is duur.	Това е скъпо	[tová e skǝpo]
verhuur (de)	под наем (м)	[pot náem]

huren (smoking, enz.)	взимам под наем	[vzímam pot náem]
krediet (het)	кредит (м)	[krédit]
op krediet (bw)	на кредит	[na krédit]

80. Geld

geld (het)	пари (мн)	[parí]
ruil (de)	обмяна (ж)	[obmʲána]
koers (de)	курс (м)	[kurs]
geldautomaat (de)	банкомат (м)	[bankomát]
muntstuk (de)	монета (ж)	[monéta]

| dollar (de) | долар (м) | [dólar] |
| euro (de) | евро (с) | [évro] |

lire (de)	лира (ж)	[líra]
Duitse mark (de)	марка (ж)	[márka]
frank (de)	франк (м)	[frank]
pond sterling (het)	британска лира (ж)	[británska líra]
yen (de)	йена (ж)	[jéna]

schuld (geldbedrag)	дълг (м)	[dəlk]
schuldenaar (de)	длъжник (м)	[dləʒník]
uitlenen (ww)	давам на заем	[dávam na záem]
lenen (geld ~)	взема на заем	[vzéma na záem]

bank (de)	банка (ж)	[bánka]
bankrekening (de)	сметка (ж)	[smétka]
storten (ww)	депозирам	[depozíram]
op rekening storten	внеса в сметка	[vnesá v smétka]
opnemen (ww)	тегля от сметката	[téglʲa ot smétkata]

kredietkaart (de)	кредитна карта (ж)	[kréditna kárta]
baar geld (het)	налични пари (мн)	[nalítʃni parí]
cheque (de)	чек (м)	[tʃek]
een cheque uitschrijven	подпиша чек	[potpíʃa tʃek]
chequeboekje (het)	чекова книжка (ж)	[tʃékova kníʃka]

portefeuille (de)	портфейл (м)	[portféjl]
geldbeugel (de)	портмоне (с)	[portmoné]
safe (de)	сейф (м)	[sejf]

erfgenaam (de)	наследник (м)	[naslédnik]
erfenis (de)	наследство (с)	[naslétstvo]
fortuin (het)	състояние (с)	[səstojánie]

huur (de)	наем (м)	[náem]
huurprijs (de)	наем (м)	[náem]
huren (huis, kamer)	наемам	[naémam]

prijs (de)	цена (ж)	[tsená]
kostprijs (de)	стойност (ж)	[stójnost]
som (de)	сума (ж)	[súma]
uitgeven (geld besteden)	харча	[hártʃa]

kosten (mv.)	разходи (м мн)	[ráshodi]
bezuinigen (ww)	пестя	[pestʲá]
zuinig (bn)	пестелив	[pestelíf]

betalen (ww)	плащам	[pláʃtam]
betaling (de)	плащане (с)	[pláʃtane]
wisselgeld (het)	ресто (с)	[résto]

belasting (de)	данък (м)	[dánək]
boete (de)	глоба (ж)	[glóba]
beboeten (bekeuren)	глобявам	[globʲávam]

81. Post. Postkantoor

postkantoor (het)	поща (ж)	[póʃta]
post (de)	поща (ж)	[póʃta]
postbode (de)	пощальон (м)	[poʃtalʲón]
openingsuren (mv.)	работно време (с)	[rabótno vréme]

brief (de)	писмо (с)	[pismó]
aangetekende brief (de)	препоръчано писмо (с)	[preporétʃano pismó]
briefkaart (de)	картичка (ж)	[kártiʧka]
telegram (het)	телеграма (ж)	[telegráma]
postpakket (het)	колет (м)	[kolét]
overschrijving (de)	паричен превод (м)	[paríʧen prévot]

ontvangen (ww)	получа	[polúʧa]
sturen (zenden)	изпратя	[isprátʲa]
verzending (de)	изпращане (с)	[ispráʃtane]

adres (het)	адрес (м)	[adrés]
postcode (de)	пощенски код (м)	[póʃtenski kot]
verzender (de)	подател (м)	[podátel]
ontvanger (de)	получател (м)	[poluʧátel]

naam (de)	име (с)	[íme]
achternaam (de)	фамилия (ж)	[famílija]

tarief (het)	тарифа (ж)	[tarífa]
standaard (bn)	обикновен	[obiknovén]
zuinig (bn)	икономичен	[ikonomíʧen]

gewicht (het)	тегло (с)	[tegló]
afwegen (op de weegschaal)	претеглям	[pretéglʲam]
envelop (de)	плик (м)	[plik]
postzegel (de)	марка (ж)	[márka]

Woning. Huis. Thuis

82. Huis. Woning

huis (het)	къща (ж)	[kéʃta]
thuis (bw)	вкъщи	[fkéʃti]
cour (de)	двор (м)	[dvor]
omheining (de)	ограда (ж)	[ográda]
baksteen (de)	тухла (ж)	[túhla]
van bakstenen	тухлен	[túhlen]
steen (de)	камък (м)	[kámək]
stenen (bn)	каменен	[kámenen]
beton (het)	бетон (м)	[betón]
van beton	бетонен	[betónen]
nieuw (bn)	нов	[nov]
oud (bn)	стар	[star]
vervallen (bn)	вехт	[veht]
modern (bn)	съвременен	[səvrémenen]
met veel verdiepingen	многоетажен	[mnogoetáʒen]
hoog (bn)	висок	[visók]
verdieping (de)	етаж (м)	[etáʃ]
met een verdieping	едноетажен	[ednoetáʒen]
laagste verdieping (de)	долен етаж (м)	[dólen etáʃ]
bovenverdieping (de)	горен етаж (м)	[góren etáʃ]
dak (het)	покрив (м)	[pókriv]
schoorsteen (de)	тръба (ж)	[trəbá]
dakpan (de)	керемида (ж)	[keremída]
pannen- (abn)	керемиден	[keremíden]
zolder (de)	таван (м)	[taván]
venster (het)	прозорец (м)	[prozórets]
glas (het)	стъкло (с)	[stəkló]
vensterbank (de)	перваз (м) за прозорец	[pervás za prozórets]
luiken (mv.)	капаци (м мн)	[kapátsi]
muur (de)	стена (ж)	[stená]
balkon (het)	балкон (м)	[balkón]
regenpijp (de)	улук (м)	[ulúk]
boven (bw)	горе	[góre]
naar boven gaan (ww)	качвам се	[kátʃvam se]
afdalen (on.ww.)	слизам	[slízam]
verhuizen (ww)	премествам се	[preméstvam se]

83. Huis. Ingang. Lift

ingang (de)	вход (м)	[vhot]
trap (de)	стълба (ж)	[stélba]
treden (mv.)	стъпала (с мн)	[stəpála]
trapleuning (de)	парапет (м)	[parapét]
hal (de)	хол (м)	[hol]

postbus (de)	пощенска кутия (ж)	[póʃtenska kutíja]
vuilnisbak (de)	контейнер (м) за отпадъци	[kontéjner za otpádətsi]
vuilniskoker (de)	шахта (ж) за боклук	[ʃáhta za boklúk]

lift (de)	асансьор (м)	[asansʲór]
goederenlift (de)	товарен асансьор (м)	[továren asansʲór]
liftcabine (de)	кабина (ж)	[kabína]
de lift nemen	возя се в асансьора	[vózʲa se v asansʲóra]

appartement (het)	апартамент (м)	[apartamént]
bewoners (mv.)	живущи (м мн)	[ʒivúʃti]
buurman (de)	съсед (м)	[səsét]
buurvrouw (de)	съседка (ж)	[səsétka]
buren (mv.)	съседи (м мн)	[səsédi]

84. Huis. Deuren. Sloten

deur (de)	врата (ж)	[vratá]
toegangspoort (de)	порта (ж)	[pórta]
deurkruk (de)	дръжка (ж)	[dréʃka]
ontsluiten (ontgrendelen)	отключа	[otklʲútʃa]
openen (ww)	отварям	[otvárʲam]
sluiten (ww)	затварям	[zatvárʲam]

sleutel (de)	ключ (м)	[klʲutʃ]
sleutelbos (de)	връзка (ж)	[vréska]

knarsen (bijv. scharnier)	скърцам	[skértsam]
knarsgeluid (het)	скърцане (с)	[skértsane]
scharnier (het)	панта (ж)	[pánta]
deurmat (de)	килимче (с)	[kilímtʃe]

slot (het)	брава (ж)	[bráva]
sleutelgat (het)	ключалка (ж)	[klʲutʃálka]
grendel (de)	резе (с)	[rezé]
schuif (de)	резе (с)	[rezé]
hangslot (het)	катинар (м)	[katinár]

aanbellen (ww)	звъня	[zvənʲá]
bel (geluid)	звънец (м)	[zvənéts]
deurbel (de)	звънец (м)	[zvənéts]
belknop (de)	бутон (м)	[butón]

geklop (het)	чукане (с)	[tʃúkane]
kloppen (ww)	чукам	[tʃúkam]

code (de)	код (м)	[kot]
cijferslot (het)	брава (ж) с код	[bráva s kot]
parlofoon (de)	домофон (м)	[domofón]
nummer (het)	номер (м)	[nómer]
naambordje (het)	табелка (ж)	[tabélka]
deurspion (de)	шпионка (ж)	[ʃpiónka]

85. Huis op het platteland

dorp (het)	село (с)	[sélo]
moestuin (de)	зеленчукова градина (ж)	[zelentʃúkova gradína]
hek (het)	ограда (ж)	[ográda]
houten hekwerk (het)	плет (м)	[plet]
tuinpoortje (het)	вратичка (ж) на ограда	[vratítʃka na ográda]

graanschuur (de)	хамбар (м)	[hambár]
wortelkelder (de)	мазе (с)	[mazé]
schuur (de)	плевня (ж)	[plévnʲa]
waterput (de)	кладенец (м)	[kládenets]

kachel (de)	печка (ж)	[pétʃka]
de kachel stoken	паля	[pálʲa]
brandhout (het)	дърва (мн)	[dərvá]
houtblok (het)	цепеница (ж)	[tsépenitsa]

veranda (de)	веранда (ж)	[veránda]
terras (het)	тераса (ж)	[terása]
bordes (het)	стъпала (с мн)	[stəpála]
schommel (de)	люлка (ж)	[lʲúlka]

86. Kasteel. Paleis

kasteel (het)	замък (м)	[záмək]
paleis (het)	дворец (м)	[dvoréts]
vesting (de)	крепост (ж)	[krépost]

ringmuur (de)	стена (ж)	[stená]
toren (de)	кула (ж)	[kúla]
donjon (de)	главна кула (ж)	[glávna kúla]

valhek (het)	подемна врата (ж)	[podémna vratá]
onderaardse gang (de)	подземен проход (м)	[podzémen próhot]
slotgracht (de)	ров (м)	[rov]

ketting (de)	верига (ж)	[veríga]
schietgat (het)	бойница (ж)	[bojnítsa]

prachtig (bn)	великолепен	[velikolépen]
majestueus (bn)	величествен	[velítʃestven]

onneembaar (bn)	непристъпен	[nepristépen]
middeleeuws (bn)	средновековен	[srednovekóven]

87. Appartement

appartement (het)	апартамент (м)	[apartamént]
kamer (de)	стая (ж)	[stája]
slaapkamer (de)	спалня (ж)	[spálnʲa]
eetkamer (de)	столова (ж)	[stolová]
salon (de)	гостна (ж)	[góstna]
studeerkamer (de)	кабинет (м)	[kabinét]
gang (de)	антре (с)	[antré]
badkamer (de)	баня (ж)	[bánʲa]
toilet (het)	тоалетна (ж)	[toalétna]
plafond (het)	таван (м)	[taván]
vloer (de)	под (м)	[pot]
hoek (de)	ъгъл (м)	[égəl]

88. Appartement. Schoonmaken

schoonmaken (ww)	подреждам	[podréʒdam]
stof (het)	прах (м)	[prah]
stoffig (bn)	прашен	[práʃen]
stoffen (ww)	изтривам прах	[istrívam prah]
stofzuiger (de)	прахосмукачка (ж)	[praho·smukátʃka]
stofzuigen (ww)	почиствам с прахосмукачка	[potʃístvam s praho·smukátʃka]
vegen (de vloer ~)	мета	[metá]
veegsel (het)	боклук (м)	[boklúk]
orde (de)	ред (м)	[ret]
wanorde (de)	безпорядък (м)	[besporʲádək]
zwabber (de)	четка (ж) за под	[tʃétka za pot]
poetsdoek (de)	парцал (м)	[partsál]
veger (de)	метла (ж)	[metlá]
stofblik (het)	лопатка (ж) за боклук	[lopátka za boklúk]

89. Meubels. Interieur

meubels (mv.)	мебели (мн)	[mébeli]
tafel (de)	маса (ж)	[mása]
stoel (de)	стол (м)	[stol]
bed (het)	легло (с)	[legló]
bankstel (het)	диван (м)	[diván]
fauteuil (de)	фотьойл (м)	[fotʲójl]
boekenkast (de)	книжен шкаф (м)	[kníʒen ʃkaf]
boekenrek (het)	рафт (м)	[raft]
kledingkast (de)	гардероб (м)	[garderóp]
kapstok (de)	закачалка (ж)	[zakatʃálka]

staande kapstok (de)	закачалка (ж)	[zakatʃálka]
commode (de)	скрин (м)	[skrin]
salontafeltje (het)	малка масичка (ж)	[málka másitʃka]

spiegel (de)	огледало (с)	[ogledálo]
tapijt (het)	килим (м)	[kilím]
tapijtje (het)	килимче (с)	[kilímtʃe]

haard (de)	камина (ж)	[kamína]
kaars (de)	свещ (м)	[sveʃt]
kandelaar (de)	свещник (м)	[svéʃtnik]

gordijnen (mv.)	пердета (с мн)	[perdéta]
behang (het)	тапети (м мн)	[tapéti]
jaloezie (de)	щора (ж)	[ʃtóra]

bureaulamp (de)	лампа (ж) за маса	[lámpa za mása]
wandlamp (de)	светилник (м)	[svetílnik]
staande lamp (de)	лампион (м)	[lampión]
luchter (de)	полилей (м)	[poliléj]

poot (ov. een tafel, enz.)	крак (м)	[krak]
armleuning (de)	подлакътник (м)	[podlákətnik]
rugleuning (de)	облегалка (ж)	[oblegálka]
la (de)	чекмедже (с)	[tʃekmedʒé]

90. Beddengoed

beddengoed (het)	спално бельо (с)	[spálno belʲó]
kussen (het)	възглавница (ж)	[vəzglávnitsa]
kussenovertrek (de)	калъфка (ж)	[kaləfka]
deken (de)	одеяло (с)	[odejálo]
laken (het)	чаршаф (м)	[tʃarʃáf]
sprei (de)	завивка (ж)	[zavífka]

91. Keuken

keuken (de)	кухня (ж)	[kúhnʲa]
gas (het)	газ (м)	[gas]
gasfornuis (het)	газова печка (ж)	[gázova pétʃka]
elektrisch fornuis (het)	електрическа печка (ж)	[elektrítʃeska pétʃka]
oven (de)	фурна (ж)	[fúrna]
magnetronoven (de)	микровълнова печка (ж)	[mikrovélnova pétʃka]

koelkast (de)	хладилник (м)	[hladílnik]
diepvriezer (de)	фризер (м)	[frízer]
vaatwasmachine (de)	съдомиялна машина (ж)	[sədomijálna maʃína]

vleesmolen (de)	месомелачка (ж)	[meso·melátʃka]
vruchtenpers (de)	сокоизстисквачка (ж)	[soko·isstiskvátʃka]
toaster (de)	тостер (м)	[tóster]
mixer (de)	миксер (м)	[míkser]

koffiemachine (de)	кафеварка (ж)	[kafevárka]
koffiepot (de)	кафеник (м)	[kafeník]
koffiemolen (de)	кафемелачка (ж)	[kafe·melátʃka]
fluitketel (de)	чайник (м)	[tʃájnik]
theepot (de)	чайник (м)	[tʃájnik]
deksel (de/het)	капачка (ж)	[kapátʃka]
theezeefje (het)	цедка (ж)	[tsétka]
lepel (de)	лъжица (ж)	[ləʒítsa]
theelepeltje (het)	чаена лъжица (ж)	[tʃáena ləʒítsa]
eetlepel (de)	супена лъжица (ж)	[súpena ləʒítsa]
vork (de)	вилица (ж)	[vílitsa]
mes (het)	нож (м)	[noʒ]
vaatwerk (het)	съдове (м мн)	[sédove]
bord (het)	чиния (ж)	[tʃiníja]
schoteltje (het)	малка чинийка (ж)	[málka tʃiníjka]
likeurglas (het)	чашка (ж)	[tʃáʃka]
glas (het)	чаша (ж)	[tʃáʃa]
kopje (het)	чаша (ж)	[tʃáʃa]
suikerpot (de)	захарница (ж)	[zaharnítsa]
zoutvat (het)	солница (ж)	[solnítsa]
pepervat (het)	пиперница (ж)	[pipérnitsa]
boterschaaltje (het)	съд (м) за краве масло	[sət za kráve masló]
pan (de)	тенджера (ж)	[téndʒera]
bakpan (de)	тиган (м)	[tigán]
pollepel (de)	черпак (м)	[tʃerpák]
vergiet (de/het)	гевгир (м)	[gevgír]
dienblad (het)	табла (ж)	[tábla]
fles (de)	бутилка (ж)	[butílka]
glazen pot (de)	буркан (м)	[burkán]
blik (conserven~)	тенекия (ж)	[tenekíja]
flesopener (de)	отварачка (ж)	[otvarátʃka]
blikopener (de)	отварачка (ж)	[otvarátʃka]
kurkentrekker (de)	тирбушон (м)	[tirbuʃón]
filter (de/het)	филтър (м)	[fíltər]
filteren (ww)	филтрирам	[filtríram]
huisvuil (het)	боклук (м)	[boklúk]
vuilnisemmer (de)	кофа (ж) за боклук	[kófa za boklúk]

92. Badkamer

badkamer (de)	баня (ж)	[bánʲa]
water (het)	вода (ж)	[vodá]
kraan (de)	смесител (м)	[smesítel]
warm water (het)	топла вода (ж)	[tópla vodá]
koud water (het)	студена вода (ж)	[studéna vodá]

tandpasta (de)	паста (ж) за зъби	[pásta za zébi]
tanden poetsen (ww)	мия си зъбите	[míja si zébite]
tandenborstel (de)	четка (ж) за зъби	[ʧétka za zébi]

zich scheren (ww)	бръсна се	[brésna se]
scheercrème (de)	пяна (ж) за бръснене	[pʲána za brésnene]
scheermes (het)	бръснач (м)	[brəsnáʧ]

wassen (ww)	мия	[míja]
een bad nemen	мия се	[míja se]
douche (de)	душ (м)	[duʃ]
een douche nemen	вземам душ	[vzémam duʃ]

bad (het)	вана (ж)	[vána]
toiletpot (de)	тоалетна чиния (ж)	[toalétna ʧiníja]
wastafel (de)	мивка (ж)	[mífka]

| zeep (de) | сапун (м) | [sapún] |
| zeepbakje (het) | сапуниерка (ж) | [sapuniérka] |

spons (de)	гъба (ж)	[géba]
shampoo (de)	шампоан (м)	[ʃampoán]
handdoek (de)	кърпа (ж)	[kérpa]
badjas (de)	хавлиен халат (м)	[havlíen halát]

was (bijv. handwas)	пране (с)	[prané]
wasmachine (de)	перална машина (ж)	[perálna maʃína]
de was doen	пера	[perá]
waspoeder (de)	прах (м) за пране	[prah za prané]

93. Huishoudelijke apparaten

televisie (de)	телевизор (м)	[televízor]
cassettespeler (de)	касетофон (м)	[kasetofón]
videorecorder (de)	видео (с)	[vídeo]
radio (de)	радиоприемник (м)	[radio·priémnik]
speler (de)	плейър (м)	[pléər]

videoprojector (de)	прожекционен апарат (м)	[proʒektsiónen aparát]
home theater systeem (het)	домашно кино (с)	[domáʃno kíno]
DVD-speler (de)	DVD плейър (м)	[dividí pléər]
versterker (de)	усилвател (м)	[usilvátel]
spelconsole (de)	игрова приставка (ж)	[igrová pristáfka]

videocamera (de)	видеокамера (ж)	[video·kámera]
fotocamera (de)	фотоапарат (м)	[fotoaparát]
digitale camera (de)	цифров фотоапарат (м)	[tsífrov fotoaparát]

stofzuiger (de)	прахосмукачка (ж)	[praho·smukáʧka]
strijkijzer (het)	ютия (ж)	[jutíja]
strijkplank (de)	дъска (ж) за гладене	[dəská za gládene]

| telefoon (de) | телефон (м) | [telefón] |
| mobieltje (het) | мобилен телефон (м) | [mobílen telefón] |

| schrijfmachine (de) | пишеща машинка (ж) | [píʃeʃta maʃínka] |
| naaimachine (de) | шевна машина (ж) | [ʃévna maʃína] |

microfoon (de)	микрофон (м)	[mikrofón]
koptelefoon (de)	слушалки (ж мн)	[sluʃálki]
afstandsbediening (de)	пулт (м)	[pult]

CD (de)	CD диск (м)	[sidí disk]
cassette (de)	касета (ж)	[kaséta]
vinylplaat (de)	плоча (ж)	[plótʃa]

94. Reparaties. Renovatie

renovatie (de)	ремонт (м)	[remónt]
renoveren (ww)	правя ремонт	[práv'a remónt]
repareren (ww)	ремонтирам	[remontíram]
op orde brengen	подреждам	[podréʒdam]
overdoen (ww)	преправям	[prepráv'am]

verf (de)	боя (ж)	[bojá]
verven (muur ~)	боядисвам	[bojadísvam]
schilder (de)	бояджия (м)	[bojadʒíja]
kwast (de)	четка (ж)	[tʃétka]

| kalk (de) | вар (ж) | [var] |
| kalken (ww) | варосвам | [varósvam] |

behang (het)	тапети (м мн)	[tapéti]
behangen (ww)	слагам тапети	[slágam tapéti]
lak (de/het)	лак (м)	[lak]
lakken (ww)	лакирам	[lakíram]

95. Loodgieterswerk

water (het)	вода (ж)	[vodá]
warm water (het)	топла вода (ж)	[tópla vodá]
koud water (het)	студена вода (ж)	[studéna vodá]
kraan (de)	смесител (м)	[smesítel]

druppel (de)	капка (ж)	[kápka]
druppelen (ww)	капя	[káp'a]
lekken (een lek hebben)	тека	[teká]
lekkage (de)	теч (ж)	[tetʃ]
plasje (het)	локва (ж)	[lókva]

buis, leiding (de)	тръба (ж)	[trəbá]
stopkraan (de)	вентил (м)	[véntil]
verstopt raken (ww)	запуша се	[zapúʃa se]

gereedschap (het)	инструменти (м мн)	[instruménti]
Engelse sleutel (de)	раздвижен ключ (м)	[razdvíʒen kl'utʃ]
losschroeven (ww)	отвъртам	[otvə́rtam]

aanschroeven (ww)	завъртам	[zavɛ́rtam]
ontstoppen (riool, enz.)	отпушвам	[otpúʃvam]
loodgieter (de)	водопроводчик (м)	[vodoprovóttʃik]
kelder (de)	мазе (с)	[mazé]
riolering (de)	канализация (ж)	[kanalizátsija]

96. Brand. Vuurzee

brand (de)	огън (м)	[ógən]
vlam (de)	пламък (м)	[plámək]
vonk (de)	искра (ж)	[iskrá]
rook (de)	пушек (м)	[púʃek]
fakkel (de)	факел (м)	[fákel]
kampvuur (het)	клада (ж)	[kláda]

benzine (de)	бензин (м)	[benzín]
kerosine (de)	газ (м)	[gas]
brandbaar (bn)	горивен	[goríven]
ontplofbaar (bn)	взривоопасен	[vzrivoopásen]
VERBODEN TE ROKEN!	ПУШЕНЕТО ЗАБРАНЕНО!	[puʃenéto zabráneno]

veiligheid (de)	безопасност (ж)	[bezopásnost]
gevaar (het)	опасност (ж)	[opásnost]
gevaarlijk (bn)	опасен	[opásen]

in brand vliegen (ww)	запаля се	[zapálʲa se]
explosie (de)	експлозия (ж)	[eksplózija]
in brand steken (ww)	подпаля	[podpálʲa]
brandstichter (de)	подпалвач (м)	[podpalvátʃ]
brandstichting (de)	подпалване (с)	[podpálvane]

vlammen (ww)	пламтя	[plamtʲá]
branden (ww)	горя	[gorʲá]
afbranden (ww)	изгоря	[izgorʲá]

brandweerman (de)	пожарникар (м)	[poʒarnikár]
brandweerwagen (de)	пожарна кола (ж)	[poʒárna kolá]
brandweer (de)	пожарен екип (м)	[poʒáren ekíp]
uitschuifbare ladder (de)	пожарна стълба (ж)	[poʒárna stólba]

brandslang (de)	маркуч (м)	[markútʃ]
brandblusser (de)	пожарогасител (м)	[poʒarogasítel]
helm (de)	каска (ж)	[káska]
sirene (de)	сирена (ж)	[siréna]

roepen (ww)	викам	[víkam]
hulp roepen	викам за помощ	[víkam za pómoʃt]
redder (de)	спасител (м)	[spasítel]
redden (ww)	спасявам	[spasʲávam]

aankomen (per auto, enz.)	пристигна	[pristígna]
blussen (ww)	загасявам	[zagasʲávam]
water (het)	вода (ж)	[vodá]
zand (het)	пясък (м)	[pʲásək]

ruïnes (mv.)	руини (мн)	[ruiní]
instorten (gebouw, enz.)	рухна	[rúhna]
ineenstorten (ww)	срутя се	[srútʲa se]
inzakken (ww)	съборя се	[səbórʲa se]

| brokstuk (het) | отломка (ж) | [otlómka] |
| as (de) | пепел (ж) | [pépel] |

| verstikken (ww) | задуша се | [zaduʃá se] |
| omkomen (ww) | загина | [zagína] |

MENSELIJKE ACTIVITEITEN

Baan. Business. Deel 1

97. Bankieren

bank (de)	банка (ж)	[bánka]
bankfiliaal (het)	клон (м)	[klon]
bankbediende (de)	консултант (м)	[konsultánt]
manager (de)	управител (м)	[uprávitel]
bankrekening (de)	сметка (ж)	[smétka]
rekeningnummer (het)	номер (м) на сметка	[nómer na smétka]
lopende rekening (de)	текуща сметка (ж)	[tekúʃta smétka]
spaarrekening (de)	спестовна сметка (ж)	[spestóvna smétka]
een rekening openen	откривам сметка	[otkrívam smétka]
de rekening sluiten	закривам сметка	[zakrívam smétka]
op rekening storten	депозирам в сметка	[depozíram f smétka]
opnemen (ww)	тегля от сметката	[téglʲa ot smétkata]
storting (de)	влог (м)	[vlok]
een storting maken	направя влог	[naprávʲa vlok]
overschrijving (de)	превод (м)	[prévot]
een overschrijving maken	направя превод	[naprávʲa prévot]
som (de)	сума (ж)	[súma]
Hoeveel?	Колко?	[kólko]
handtekening (de)	подпис (м)	[pótpis]
ondertekenen (ww)	подпиша	[potpíʃa]
kredietkaart (de)	кредитна карта (ж)	[kréditna kárta]
code (de)	код (м)	[kot]
kredietkaartnummer (het)	номер (м) на кредитна карта	[nómer na kréditna kárta]
geldautomaat (de)	банкомат (м)	[bankomát]
cheque (de)	чек (м)	[ʧek]
een cheque uitschrijven	подпиша чек	[potpíʃa ʧek]
chequeboekje (het)	чекова книжка (ж)	[ʧékova kníʃka]
lening, krediet (de)	кредит (м)	[krédit]
een lening aanvragen	кандидатствам за кредит	[kandidátstvam za krédit]
een lening nemen	взимам кредит	[vzímam krédit]
een lening verlenen	предоставям кредит	[predostávʲam krédit]
garantie (de)	гаранция (ж)	[garántsija]

98. Telefoon. Telefoongesprek

telefoon (de)	телефон (м)	[telefón]
mobieltje (het)	мобилен телефон (м)	[mobílen telefón]
antwoordapparaat (het)	телефонен секретар (м)	[telefónen sekretár]
bellen (ww)	обаждам се	[obáʒdam se]
belletje (telefoontje)	обаждане (с)	[obáʒdane]
een nummer draaien	набирам номер	[nabíram nómer]
Hallo!	Ало!	[álo]
vragen (ww)	питам	[pítam]
antwoorden (ww)	отговарям	[otgovárʲam]
horen (ww)	чувам	[ʧúvam]
goed (bw)	добре	[dobré]
slecht (bw)	лошо	[lóʃo]
storingen (mv.)	шумове (м мн)	[ʃúmove]
hoorn (de)	слушалка (ж)	[sluʃálka]
opnemen (ww)	вдигам слушалката	[vdígam sluʃálkata]
ophangen (ww)	затварям телефона	[zatvárʲam telefóna]
bezet (bn)	заета	[zaéta]
overgaan (ww)	звъня	[zvənʲá]
telefoonboek (het)	телефонен справочник (м)	[telefónen spravótʃnik]
lokaal (bn)	селищен	[séliʃten]
lokaal gesprek (het)	селищен разговор (м)	[séliʃten rázgovor]
interlokaal (bn)	междуградски	[meʒdugrátski]
interlokaal gesprek (het)	междуградски разговор (м)	[meʒdugrátski rázgovor]
buitenlands (bn)	международен	[meʒdunaróden]
buitenlands gesprek (het)	международен разговор (м)	[meʒdunaróden rázgovor]

99. Mobiele telefoon

mobieltje (het)	мобилен телефон (м)	[mobílen telefón]
scherm (het)	дисплей (м)	[displéj]
toets, knop (de)	бутон (м)	[butón]
simkaart (de)	SIM-карта (ж)	[sim-kárta]
batterij (de)	батерия (ж)	[batérija]
leeg zijn (ww)	изтощавам	[iztoʃtávam]
acculader (de)	зареждащо устройство (с)	[zaréʒdaʃto ustrójstvo]
menu (het)	меню (с)	[menʲú]
instellingen (mv.)	настройки (ж мн)	[nastrójki]
melodie (beltoon)	мелодия (ж)	[melódija]
selecteren (ww)	избера	[izberá]
rekenmachine (de)	калкулатор (м)	[kalkulátor]
voicemail (de)	телефонен секретар (м)	[telefónen sekretár]

| wekker (de) | будилник (м) | [budílnik] |
| contacten (mv.) | телефонен справочник (м) | [telefónen spravótʃnik] |

| SMS-bericht (het) | SMS съобщение (с) | [esemés səobʃténie] |
| abonnee (de) | абонат (м) | [abonát] |

100. Schrijfbehoeften

| balpen (de) | химикалка (ж) | [himikálka] |
| vulpen (de) | перодръжка (ж) | [perodréʒka] |

potlood (het)	молив (м)	[móliv]
marker (de)	маркер (м)	[márker]
viltstift (de)	флумастер (м)	[flumáster]

| notitieboekje (het) | тефтер (м) | [teftér] |
| agenda (boekje) | ежедневник (м) | [eʒednévnik] |

liniaal (de/het)	линийка (ж)	[línijka]
rekenmachine (de)	калкулатор (м)	[kalkulátor]
gom (de)	гума (ж)	[gúma]
punaise (de)	кабърче (с)	[kábərtʃe]
paperclip (de)	кламер (м)	[klámer]

lijm (de)	лепило (с)	[lepílo]
nietmachine (de)	телбод (м)	[telbót]
perforator (de)	перфоратор (м)	[perforátor]
potloodslijper (de)	острилка (ж)	[ostrílka]

Baan. Business. Deel 2

101. Massamedia

krant (de)	вестник (м)	[vésnik]
tijdschrift (het)	списание (с)	[spisánie]
pers (gedrukte media)	преса (ж)	[présa]
radio (de)	радио (с)	[rádio]
radiostation (het)	радиостанция (ж)	[radiostántsija]
televisie (de)	телевизия (ж)	[televízija]

presentator (de)	водещ (м)	[vódeʃt]
nieuwslezer (de)	диктор (м)	[díktor]
commentator (de)	коментатор (м)	[komentátor]

journalist (de)	журналист (м)	[ʒurnalíst]
correspondent (de)	кореспондент (м)	[korespondént]
fotocorrespondent (de)	фотокореспондент (м)	[foto·korespondént]
reporter (de)	репортер (м)	[reportér]

| redacteur (de) | редактор (м) | [redáktor] |
| chef-redacteur (de) | главен редактор (м) | [gláven redáktor] |

zich abonneren op	абонирам се	[aboníram se]
abonnement (het)	абониране (с)	[abonírane]
abonnee (de)	абонат (м)	[abonát]
lezen (ww)	чета	[tʃeta]
lezer (de)	читател (м)	[tʃitátel]

oplage (de)	тираж (м)	[tiráʒ]
maand-, maandelijks (bn)	месечен	[mésetʃen]
wekelijks (bn)	седмичен	[sédmitʃen]
nummer (het)	брой (м)	[broj]
vers (~ van de pers)	последен	[posléden]

kop (de)	заглавие (с)	[zaglávie]
korte artikel (het)	кратка статия (ж)	[krátka státija]
rubriek (de)	рубрика (ж)	[rúbrika]
artikel (het)	статия (ж)	[státija]
pagina (de)	страница (ж)	[stránitsa]

reportage (de)	репортаж (м)	[reportáʒ]
gebeurtenis (de)	събитие (с)	[səbítie]
sensatie (de)	сензация (ж)	[senzátsija]
schandaal (het)	скандал (м)	[skandál]
schandalig (bn)	скандален	[skandálen]
groot (~ schandaal, enz.)	голям (скандал)	[goljám skandál]

| programma (het) | предаване (с) | [predávane] |
| interview (het) | интервю (с) | [intervjú] |

| live uitzending (de) | пряко предаване (c) | [prʲáko predávane] |
| kanaal (het) | канал (м) | [kanál] |

102. Landbouw

landbouw (de)	селско стопанство (c)	[sélsko stopánstvo]
boer (de)	селянин (м)	[sélʲanin]
boerin (de)	селянка (ж)	[sélʲanka]
landbouwer (de)	фермер (м)	[férmer]

| tractor (de) | трактор (м) | [tráktor] |
| maaidorser (de) | комбайн (м) | [kombájn] |

ploeg (de)	плуг (м)	[pluk]
ploegen (ww)	opa	[orá]
akkerland (het)	разорана нива (ж)	[razorána níva]
voor (de)	бразда (ж)	[brazdá]

zaaien (ww)	сея	[séja]
zaaimachine (de)	сеялка (ж)	[sejálka]
zaaien (het)	сеитба (ж)	[seídba]

| zeis (de) | коса (ж) | [kosá] |
| maaien (ww) | кося | [kosʲá] |

| schop (de) | лопата (ж) | [lopáta] |
| spitten (ww) | копая | [kopája] |

schoffel (de)	мотика (ж)	[motíka]
wieden (ww)	плевя	[plevʲá]
onkruid (het)	плевел (м)	[plével]

gieter (de)	лейка (ж)	[léjka]
begieten (water geven)	поливам	[polívam]
bewatering (de)	поливане (c)	[polívane]

| riek, hooivork (de) | вила (ж) | [víla] |
| hark (de) | гребло (c) | [grebló] |

kunstmest (de)	тор (м)	[tor]
bemesten (ww)	наторявам	[natorʲávam]
mest (de)	оборски тор (м)	[obórski tor]

veld (het)	поле (c)	[polé]
wei (de)	ливада (ж)	[liváda]
moestuin (de)	зеленчукова градина (ж)	[zelentʃúkova gradína]
boomgaard (de)	градина (ж)	[gradína]

weiden (ww)	паса	[pasá]
herder (de)	пастир (м)	[pastír]
weiland (de)	пасище (c)	[pásiʃte]

| veehouderij (de) | животновъдство (c) | [ʒivotnovǿtstvo] |
| schapenteelt (de) | овцевъдство (c) | [ovtsevǿtstvo] |

plantage (de)	плантация (ж)	[plantátsija]
rijtje (het)	леха (ж)	[lehá]
broeikas (de)	парник (м)	[párnik]

| droogte (de) | суша (ж) | [súʃa] |
| droog (bn) | сушав | [súʃav] |

| graangewassen (mv.) | зърнени култури (мн) | [zérneni kultúri] |
| oogsten (ww) | събирам | [səbíram] |

molenaar (de)	воденичар (с)	[vodenitʃár]
molen (de)	воденица (ж)	[vodenítsa]
malen (graan ~)	меля зърно	[mélʲa zérno]
bloem (bijv. tarwebloem)	брашно (с)	[braʃnó]
stro (het)	слама (ж)	[sláma]

103. Gebouw. Bouwproces

bouwplaats (de)	строеж (м)	[stroéʃ]
bouwen (ww)	строя	[strojá]
bouwvakker (de)	строител (м)	[stroítel]

project (het)	проект (м)	[proékt]
architect (de)	архитект (м)	[arhitékt]
arbeider (de)	работник (м)	[rabótnik]

fundering (de)	фундамент (м)	[fundamént]
dak (het)	покрив (м)	[pókriv]
heipaal (de)	пилот (м)	[pilót]
muur (de)	стена (ж)	[stená]

| betonstaal (het) | арматура (ж) | [armatúra] |
| steigers (mv.) | скеле (с) | [skéle] |

beton (het)	бетон (м)	[betón]
graniet (het)	гранит (м)	[granít]
steen (de)	камък (м)	[kámək]
baksteen (de)	тухла (ж)	[túhla]

zand (het)	пясък (м)	[pʲásək]
cement (de/het)	цимент (м)	[tsimént]
pleister (het)	мазилка (ж)	[mazílka]
pleisteren (ww)	слагам мазилка	[slágam mazílka]

verf (de)	боя (ж)	[bojá]
verven (muur ~)	боядисвам	[bojadísvam]
ton (de)	бъчва (ж)	[bétʃva]

kraan (de)	кран (м)	[kran]
heffen, hijsen (ww)	вдигам	[vdígam]
neerlaten (ww)	спускам	[spúskam]

| bulldozer (de) | булдозер (м) | [buldózer] |
| graafmachine (de) | екскаватор (м) | [ekskavátor] |

graafbak (de)	кофа (ж)	[kófa]
graven (tunnel, enz.)	копая	[kopája]
helm (de)	каска (ж)	[káska]

Beroepen en ambachten

104. Zoeken naar werk. Ontslag

baan (de)	работа (ж)	[rábota]
personeel (het)	щат (м)	[ʃtat]
carrière (de)	кариера (ж)	[kariéra]
vooruitzichten (mv.)	перспектива (ж)	[perspektíva]
meesterschap (het)	майсторство (с)	[májstorstvo]
keuze (de)	подбиране (с)	[podbírane]
uitzendbureau (het)	агенция (ж) за подбор на персонал	[agéntsija za podbór na personál]
CV, curriculum vitae (het)	резюме (с)	[rezʲumé]
sollicitatiegesprek (het)	интервю (с)	[intervʲú]
vacature (de)	вакантно място (с)	[vakántno mʲásto]
salaris (het)	работна заплата (ж)	[rabótna zapláta]
loon (het)	плащане (с)	[pláʃtane]
betrekking (de)	длъжност (ж)	[dléʒnost]
taak, plicht (de)	задължение (с)	[zadəlʒénie]
takenpakket (het)	кръг (м)	[krək]
bezig (~ zijn)	зает	[zaét]
ontslagen (ww)	уволня	[uvolnʲá]
ontslag (het)	уволнение (с)	[uvolnénie]
werkloosheid (de)	безработица (ж)	[bezrabótitsa]
werkloze (de)	безработен човек (м)	[bezrabóten tʃovék]
pensioen (het)	пенсия (ж)	[pénsija]
met pensioen gaan	пенсионирам се	[pensioníram se]

105. Zakenmensen

directeur (de)	директор (м)	[diréktor]
beheerder (de)	управител (м)	[uprávitel]
hoofd (het)	ръководител (м)	[rəkovodítel]
baas (de)	началник (м)	[natʃálnik]
superieuren (mv.)	началство (с)	[natʃálstvo]
president (de)	президент (м)	[prezidént]
voorzitter (de)	председател (м)	[pretsedátel]
adjunct (de)	заместник (м)	[zamésnik]
assistent (de)	помощник (м)	[pomóʃtnik]
secretaris (de)	секретар (м)	[sekretár]

persoonlijke assistent (de)	личен секретар (м)	[lítʃen sekretár]
zakenman (de)	бизнесмен (м)	[biznesmén]
ondernemer (de)	предприемач (м)	[predpriemátʃ]
oprichter (de)	основател (м)	[osnovátel]
oprichten (een nieuw bedrijf ~)	основа	[osnová]

stichter (de)	учредител (м)	[utʃredítel]
partner (de)	партньор (м)	[partnʲór]
aandeelhouder (de)	акционер (м)	[aktsionér]

miljonair (de)	милионер (м)	[milionér]
miljardair (de)	милиардер (м)	[miliardér]
eigenaar (de)	собственик (м)	[sóbstvenik]
landeigenaar (de)	земевладелец (м)	[zemevladélets]

klant (de)	клиент (м)	[kliént]
vaste klant (de)	постоянен клиент (м)	[postojánen kliént]
koper (de)	купувач (м)	[kupuvátʃ]
bezoeker (de)	посетител (м)	[posetítel]

professioneel (de)	професионалист (м)	[profesialíst]
expert (de)	експерт (м)	[ekspért]
specialist (de)	специалист (м)	[spetsialíst]

| bankier (de) | банкер (м) | [bankér] |
| makelaar (de) | брокер (м) | [bróker] |

kassier (de)	касиер (м)	[kasiér]
boekhouder (de)	счетоводител (м)	[stʃetovodítel]
bewaker (de)	охранител (м)	[ohranítel]

investeerder (de)	инвеститор (м)	[investítor]
schuldenaar (de)	длъжник (м)	[dləʒník]
crediteur (de)	кредитор (м)	[kredítor]
lener (de)	заемател (м)	[zaemátel]

| importeur (de) | вносител (м) | [vnosítel] |
| exporteur (de) | износител (м) | [iznosítel] |

producent (de)	производител (м)	[proizvodítel]
distributeur (de)	дистрибутор (м)	[distribútor]
bemiddelaar (de)	посредник (м)	[posrédnik]

adviseur, consulent (de)	консултант (м)	[konsultánt]
vertegenwoordiger (de)	представител (м)	[pretstávitel]
agent (de)	агент (м)	[agént]
verzekeringsagent (de)	застрахователен агент (м)	[zastrahovátelen agent]

106. Dienstverlenende beroepen

kok (de)	готвач (м)	[gotvátʃ]
chef-kok (de)	главен готвач (м)	[gláven gotvátʃ]
bakker (de)	фурнаджия (ж)	[furnadʒíja]

barman (de)	барман (м)	[bárman]
kelner, ober (de)	сервитьор (м)	[servitʲór]
serveerster (de)	сервитьорка (ж)	[servitʲórka]

advocaat (de)	адвокат (м)	[advokát]
jurist (de)	юрист (м)	[juríst]
notaris (de)	нотариус (м)	[notárius]

elektricien (de)	монтьор (м)	[montʲór]
loodgieter (de)	водопроводчик (м)	[vodoprovótʧik]
timmerman (de)	дърводелец (м)	[dərvodélets]

masseur (de)	масажист (м)	[masaʒíst]
masseuse (de)	масажистка (ж)	[masaʒístka]
dokter, arts (de)	лекар (м)	[lékar]

taxichauffeur (de)	таксиметров шофьор (м)	[taksimétrof ʃofʲór]
chauffeur (de)	шофьор (м)	[ʃofʲór]
koerier (de)	куриер (м)	[kuriér]

kamermeisje (het)	камериерка (ж)	[kameriérka]
bewaker (de)	охранител (м)	[ohranítel]
stewardess (de)	стюардеса (ж)	[stʲuardésa]

meester (de)	учител (м)	[utʃítel]
bibliothecaris (de)	библиотекар (м)	[bibliotekár]
vertaler (de)	преводач (м)	[prevodátʃ]
tolk (de)	преводач (м)	[prevodátʃ]
gids (de)	гид (м)	[git]

kapper (de)	фризьор (м)	[frizʲór]
postbode (de)	пощальон (м)	[poʃtalʲón]
verkoper (de)	продавач (м)	[prodavátʃ]

tuinman (de)	градинар (м)	[gradinár]
huisbediende (de)	слуга (м)	[slugá]
dienstmeisje (het)	слугиня (ж)	[slugínʲa]
schoonmaakster (de)	чистачка (ж)	[ʧistátʃka]

107. Militaire beroepen en rangen

soldaat (rang)	редник (м)	[rédnik]
sergeant (de)	сержант (м)	[serʒánt]
luitenant (de)	лейтенант (м)	[lejtenánt]
kapitein (de)	капитан (м)	[kapitán]

majoor (de)	майор (м)	[majór]
kolonel (de)	полковник (м)	[polkóvnik]
generaal (de)	генерал (м)	[generál]
maarschalk (de)	маршал (м)	[márʃal]
admiraal (de)	адмирал (м)	[admirál]

| militair (de) | военен (м) | [voénen] |
| soldaat (de) | войник (м) | [vojník] |

| officier (de) | офицер (м) | [ofitsér] |
| commandant (de) | командир (м) | [komandír] |

grenswachter (de)	митничар (м)	[mitnitʃár]
marconist (de)	радист (м)	[radíst]
verkenner (de)	разузнавач (м)	[razuznavátʃ]
sappeur (de)	сапьор (м)	[sapʲór]
schutter (de)	стрелец (м)	[streléts]
stuurman (de)	щурман (м)	[ʃtúrman]

108. Ambtenaren. Priesters

| koning (de) | крал (м) | [kral] |
| koningin (de) | кралица (ж) | [kralítsa] |

| prins (de) | принц (м) | [prints] |
| prinses (de) | принцеса (ж) | [printsésa] |

| tsaar (de) | цар (м) | [tsar] |
| tsarina (de) | царица (ж) | [tsarítsa] |

president (de)	президент (м)	[prezidént]
minister (de)	министър (м)	[minístər]
eerste minister (de)	министър-председател (м)	[minístər-pretsedátel]
senator (de)	сенатор (м)	[senátor]

diplomaat (de)	дипломат (м)	[diplomát]
consul (de)	консул (м)	[kónsul]
ambassadeur (de)	посланик (м)	[poslánik]
adviseur (de)	съветник (м)	[səvétnik]

ambtenaar (de)	чиновник (м)	[tʃinóvnik]
prefect (de)	префект (м)	[prefékt]
burgemeester (de)	кмет (м)	[kmet]

| rechter (de) | съдия (м) | [sədijá] |
| aanklager (de) | прокурор (м) | [prokurór] |

missionaris (de)	мисионер (м)	[misionér]
monnik (de)	монах (м)	[monáh]
abt (de)	абат (м)	[abát]
rabbi, rabbijn (de)	равин (м)	[ravín]

vizier (de)	везир (м)	[vezír]
sjah (de)	шах (м)	[ʃah]
sjeik (de)	шейх (м)	[ʃejh]

109. Agrarische beroepen

imker (de)	пчеловъд (м)	[ptʃelovét]
herder (de)	пастир (м)	[pastír]
landbouwkundige (de)	агроном (м)	[agronóm]

| veehouder (de) | животновъд (м) | [ʒivotnovét] |
| dierenarts (de) | ветеринар (м) | [veterinár] |

landbouwer (de)	фермер (м)	[férmer]
wijnmaker (de)	винар (м)	[vinár]
zoöloog (de)	зоолог (м)	[zoolók]
cowboy (de)	каубой (м)	[káuboj]

110. Kunst beroepen

| acteur (de) | актьор (м) | [aktjór] |
| actrice (de) | актриса (ж) | [aktrísa] |

| zanger (de) | певец (м) | [pevéts] |
| zangeres (de) | певица (ж) | [pevítsa] |

| danser (de) | танцьор (м) | [tantsʲór] |
| danseres (de) | танцьорка (ж) | [tantsʲórka] |

| artiest (mann.) | артист (м) | [artíst] |
| artiest (vrouw.) | артистка (ж) | [artístka] |

muzikant (de)	музикант (м)	[muzikánt]
pianist (de)	пианист (м)	[pianíst]
gitarist (de)	китарист (м)	[kitaríst]

orkestdirigent (de)	диригент (м)	[dirigént]
componist (de)	композитор (м)	[kompozítor]
impresario (de)	импресарио (м)	[impresário]

filmregisseur (de)	режисьор (м)	[reʒisʲór]
filmproducent (de)	продуцент (м)	[produtsént]
scenarioschrijver (de)	сценарист (м)	[stsenaríst]
criticus (de)	критик (м)	[kritík]

schrijver (de)	писател (м)	[pisátel]
dichter (de)	поет (м)	[poét]
beeldhouwer (de)	скулптор (м)	[skúlptor]
kunstenaar (de)	художник (м)	[hudóʒnik]

jongleur (de)	жонгльор (м)	[ʒonglʲór]
clown (de)	клоун (м)	[klóun]
acrobaat (de)	акробат (м)	[akrobát]
goochelaar (de)	фокусник (м)	[fókusnik]

111. Verschillende beroepen

dokter, arts (de)	лекар (м)	[lékar]
ziekenzuster (de)	медицинска сестра (ж)	[meditsínska sestrá]
psychiater (de)	психиатър (м)	[psihiátър]
tandarts (de)	стоматолог (м)	[stomatolók]
chirurg (de)	хирург (м)	[hirúrk]

astronaut (de)	астронавт (м)	[astronáft]
astronoom (de)	астроном (м)	[astronóm]
chauffeur (de)	шофьор (м)	[ʃofʲór]
machinist (de)	машинист (м)	[maʃiníst]
mecanicien (de)	механик (м)	[mehánik]
mijnwerker (de)	миньор (м)	[minʲór]
arbeider (de)	работник (м)	[rabótnik]
bankwerker (de)	шлосер (м)	[ʃlóser]
houtbewerker (de)	дърводелец (м)	[dɘrvodélets]
draaier (de)	стругар (м)	[strugár]
bouwvakker (de)	строител (м)	[stroítel]
lasser (de)	заварчик (м)	[zavártʃik]
professor (de)	професор (м)	[profésor]
architect (de)	архитект (м)	[arhitékt]
historicus (de)	историк (м)	[istorík]
wetenschapper (de)	учен (м)	[útʃen]
fysicus (de)	физик (м)	[fizík]
scheikundige (de)	химик (м)	[himík]
archeoloog (de)	археолог (м)	[arheolók]
geoloog (de)	геолог (м)	[geolók]
onderzoeker (de)	изследовател (м)	[issledovátel]
babysitter (de)	детегледачка (ж)	[detegledátʃka]
leraar, pedagoog (de)	учител, педагог (м)	[utʃítel], [pedagók]
redacteur (de)	редактор (м)	[redáktor]
chef-redacteur (de)	главен редактор (м)	[gláven redáktor]
correspondent (de)	кореспондент (м)	[korespondént]
typiste (de)	машинописка (ж)	[maʃinopíska]
designer (de)	дизайнер (м)	[dizájner]
computerexpert (de)	компютърен специалист (м)	[kompʲútɘren spetsialíst]
programmeur (de)	програмист (м)	[programíst]
ingenieur (de)	инженер (м)	[inʒenér]
matroos (de)	моряк (м)	[morʲák]
zeeman (de)	матрос (м)	[matrós]
redder (de)	спасител (м)	[spasítel]
brandweerman (de)	пожарникар (м)	[poʒarnikár]
politieagent (de)	полицай (м)	[politsáj]
nachtwaker (de)	пазач (м)	[pazátʃ]
detective (de)	детектив (м)	[detektíf]
douanier (de)	митничар (м)	[mitnitʃár]
lijfwacht (de)	телохранител (с)	[telohranítel]
gevangenisbewaker (de)	надзирател (м)	[nadzirátel]
inspecteur (de)	инспектор (м)	[inspéktor]
sportman (de)	спортист (м)	[sportíst]
trainer (de)	треньор (м)	[trenʲór]

slager, beenhouwer (de)	месар (м)	[mesár]
schoenlapper (de)	обущар (м)	[obuʃtár]
handelaar (de)	търговец (м)	[tərgóvets]
lader (de)	хамалин (м)	[hamálin]
kledingstilist (de)	моделиер (м)	[modeliér]
model (het)	модел (м)	[modél]

112. Beroepen. Sociale status

scholier (de)	ученик (м)	[utʃeník]
student (de)	студент (м)	[studént]
filosoof (de)	философ (м)	[filosóf]
econoom (de)	икономист (м)	[ikonomíst]
uitvinder (de)	изобретател (м)	[izobretátel]
werkloze (de)	безработен човек (м)	[bezrabóten tʃovék]
gepensioneerde (de)	пенсионер (м)	[pensionér]
spion (de)	шпионин (м)	[ʃpiónin]
gedetineerde (de)	затворник (м)	[zatvórnik]
staker (de)	стачник (м)	[státʃnik]
bureaucraat (de)	бюрократ (м)	[bʲurokrát]
reiziger (de)	пътешественик (м)	[pəteʃéstvenik]
homoseksueel (de)	хомосексуалист (м)	[homoseksualíst]
hacker (computerkraker)	хакер (м)	[háker]
hippie (de)	хипи (м)	[hípi]
bandiet (de)	бандит (м)	[bandít]
huurmoordenaar (de)	наемен убиец (м)	[naémen ubíets]
drugsverslaafde (de)	наркоман (м)	[narkomán]
drugshandelaar (de)	наркотрафикант (м)	[narkotrafikánt]
prostituee (de)	проститутка (ж)	[prostitútka]
pooier (de)	сутеньор (м)	[sutenʲór]
tovenaar (de)	магьосник (м)	[magʲósnik]
tovenares (de)	магьосница (ж)	[magʲósnitsa]
piraat (de)	пират (м)	[pirát]
slaaf (de)	роб (м)	[rop]
samoerai (de)	самурай (м)	[samuráj]
wilde (de)	дивак (м)	[divák]

Sport

113. Soorten sporten. Sporters

sportman (de)	спортист (м)	[sportíst]
soort sport (de/het)	вид (м) спорт	[vit sport]
basketbal (het)	баскетбол (м)	[básketbol]
basketbalspeler (de)	баскетболист (м)	[basketbolíst]
baseball (het)	бейзбол (м)	[bejzból]
baseballspeler (de)	бейзболист (м)	[bejzbolíst]
voetbal (het)	футбол (м)	[fúdbol]
voetballer (de)	футболист (м)	[fudbolíst]
doelman (de)	вратар (м)	[vratár]
hockey (het)	хокей (м)	[hókej]
hockeyspeler (de)	хокеист (м)	[hokeíst]
volleybal (het)	волейбол (м)	[vólejbol]
volleybalspeler (de)	волейболист (м)	[volejbolíst]
boksen (het)	бокс (м)	[boks]
bokser (de)	боксьор (м)	[boksʲór]
worstelen (het)	борба (ж)	[borbá]
worstelaar (de)	борец (м)	[boréts]
karate (de)	карате (с)	[karáte]
karateka (de)	каратист (м)	[karatíst]
judo (de)	джудо (с)	[dʒúdo]
judoka (de)	джудист (м)	[dʒudíst]
tennis (het)	тенис (м)	[ténis]
tennisspeler (de)	тенисист (м)	[tenisíst]
zwemmen (het)	плуване (с)	[plúvane]
zwemmer (de)	плувец (м)	[pluvéts]
schermen (het)	фехтовка (ж)	[fehtófka]
schermer (de)	фехтувач (м)	[fehtuvátʃ]
schaak (het)	шахмат (м)	[ʃáhmát]
schaker (de)	шахматист (м)	[ʃahmatíst]
alpinisme (het)	алпинизъм (м)	[alpinízəm]
alpinist (de)	алпинист (м)	[alpiníst]
hardlopen (het)	бягане (с)	[bʲágane]

renner (de)	бегач (м)	[begátʃ]
atletiek (de)	лека атлетика (ж)	[léka atlétika]
atleet (de)	атлет (м)	[atlét]

| paardensport (de) | конен спорт (м) | [kónen sport] |
| ruiter (de) | ездач (м) | [ezdátʃ] |

kunstschaatsen (het)	фигурно пързаляне (с)	[fígurno pərzálʲane]
kunstschaatser (de)	фигурист (м)	[figuríst]
kunstschaatsster (de)	фигуристка (ж)	[figurístka]

gewichtheffen (het)	тежка атлетика (ж)	[téʃka atlétika]
gewichtheffer (de)	щангист (м)	[ʃtangíst]
autoraces (mv.)	автомобилни състезания (с мн)	[aftomobílni səstezánija]
coureur (de)	автомобилен състезател (м)	[aftomobílen səstezátel]

| wielersport (de) | колоездене (с) | [koloézdene] |
| wielrenner (de) | колоездач (м) | [koloezdátʃ] |

verspringen (het)	скок (м) на дължина	[skok na dəʒiná]
polsstokspringen (het)	овчарски скок (м)	[oftʃárski skok]
verspringer (de)	скачач (м)	[skatʃátʃ]

114. Soorten sporten. Diversen

Amerikaans voetbal (het)	американски футбол (м)	[amerikánski fúdbol]
badminton (het)	бадминтон (м)	[bádminton]
biatlon (de)	биатлон (м)	[biatlón]
biljart (het)	билярд (м)	[bilʲárt]

bobsleeën (het)	бобслей (м)	[bobsléj]
bodybuilding (de)	културизъм (м)	[kulturízəm]
waterpolo (het)	водна топка (ж)	[vódna tópka]
handbal (de)	хандбал (м)	[hándbal]
golf (het)	голф (м)	[golf]

roeisport (de)	гребане (с)	[grébane]
duiken (het)	дайвинг (м)	[dájving]
langlaufen (het)	ски бягане (с мн)	[ski bʲágane]
tafeltennis (het)	тенис (м) на маса	[ténis na mása]

zeilen (het)	спорт (м) с платноходки	[sport s platnohótki]
rally (de)	рали (с)	[ráli]
rugby (het)	ръгби (с)	[régbi]
snowboarden (het)	сноуборд (м)	[snóubort]

115. Fitnessruimte

| lange halter (de) | щанга (ж) | [ʃtánga] |
| halters (mv.) | гири (ж мн) | [gíri] |

training machine (de)	тренажор (м)	[trenaʒór]
hometrainer (de)	велоергометър (м)	[veloergométər]
loopband (de)	писта (ж) за бягане	[písta za bʲágane]

rekstok (de)	лост (м)	[lost]
brug (de) gelijke leggers	успоредка (ж)	[úsporetka]
paardsprong (de)	кон (м)	[kon]
mat (de)	дюшек (м)	[dʲuʃék]

aerobics (de)	аеробика (ж)	[aeróbika]
yoga (de)	йога (ж)	[jóga]

116. Sporten. Diversen

Olympische Spelen (mv.)	олимпийски игри (ж мн)	[olimpíjski igrí]
winnaar (de)	победител (м)	[pobedítel]
overwinnen (ww)	побеждавам	[pobeʒdávam]
winnen (ww)	спечеля	[spetʃélʲa]

leider (de)	водач (м)	[vodátʃ]
leiden (ww)	водя	[vódʲa]

eerste plaats (de)	първо място (с)	[pérvo mʲásto]
tweede plaats (de)	второ място (с)	[ftóro mʲásto]
derde plaats (de)	трето място (с)	[tréto mʲásto]

medaille (de)	медал (м)	[medál]
trofee (de)	трофей (м)	[troféj]
beker (de)	купа (ж)	[kupá]
prijs (de)	награда (ж)	[nagráda]
hoofdprijs (de)	първа награда (ж)	[pérva nagráda]

record (het)	рекорд (м)	[rekórt]
een record breken	поставям рекорд	[postávʲam rekórt]

finale (de)	финал (м)	[finál]
finale (bn)	финален	[finálen]

kampioen (de)	шампион (м)	[ʃampíon]
kampioenschap (het)	шампионат (м)	[ʃampionát]

stadion (het)	стадион (м)	[stadión]
tribune (de)	трибуна (ж)	[tribúna]
fan, supporter (de)	запалянко (м)	[zapalʲánko]
tegenstander (de)	съперник (м)	[səpérnik]

start (de)	старт (м)	[start]
finish (de)	финиш (м)	[fíniʃ]

nederlaag (de)	загуба (ж)	[záguba]
verliezen (ww)	загубя	[zagúbʲa]

rechter (de)	съдия (м)	[sədijá]
jury (de)	жури (с)	[ʒúri]

stand (~ is 3-1)	резултат (м)	[rezultát]
gelijkspel (het)	наравно (с)	[narávno]
in gelijk spel eindigen	завърша наравно	[zavérʃa narávno]
punt (het)	точка (ж)	[tótʃka]
uitslag (de)	резултат (м)	[rezultát]

pauze (de)	почивка (ж)	[potʃífka]
doping (de)	допинг (м)	[dóping]
straffen (ww)	наказвам	[nakázvam]
diskwalificeren (ww)	дисквалифицирам	[diskvalifitsíram]

toestel (het)	уред (м)	[úret]
speer (de)	копие (с)	[kópie]
kogel (de)	гюлле (с)	[gʲulé]
bal (de)	топка (ж)	[tópka]

doel (het)	цел (ж)	[tsel]
schietkaart (de)	мишена (ж)	[miʃéna]
schieten (ww)	стрелям	[strélʲam]
precies (bijv. precieze schot)	точен	[tótʃen]

trainer, coach (de)	треньор (м)	[trenʲór]
trainen (ww)	тренирам	[treníram]
zich trainen (ww)	тренирам се	[treníram se]
training (de)	тренировка (ж)	[trenirófka]

gymnastiekzaal (de)	спортна зала (ж)	[spórtna zála]
oefening (de)	упражнение (с)	[upraʒnénie]
opwarming (de)	загряване (с)	[zagrʲávane]

Onderwijs

117. School

| school (de) | училище (с) | [utʃíliʃte] |
| schooldirecteur (de) | директор (м) на училище | [diréktor na utʃíliʃte] |

leerling (de)	ученик (м)	[utʃeník]
leerlinge (de)	ученичка (ж)	[utʃenítʃka]
scholier (de)	ученик (м)	[utʃeník]
scholiere (de)	ученичка (ж)	[utʃenítʃka]

leren (lesgeven)	уча	[útʃa]
studeren (bijv. een taal ~)	уча	[útʃa]
van buiten leren	уча наизуст	[útʃa naizúst]

leren (bijv. ~ tellen)	уча се	[útʃa se]
in school zijn (schooljongen zijn)	ходя на училище	[hódʲa na utʃíliʃte]
naar school gaan	отивам на училище	[otívam na utʃíliʃte]

| alfabet (het) | алфавит (м) | [alfavít] |
| vak (schoolvak) | предмет (м) | [predmét] |

klaslokaal (het)	клас (м)	[klas]
les (de)	час (м)	[tʃas]
pauze (de)	междучасие (с)	[meʒdutʃásie]
bel (de)	звънец (м)	[zvənéts]
schooltafel (de)	чин (м)	[tʃin]
schoolbord (het)	дъска (ж)	[dəská]

cijfer (het)	бележка (ж)	[beléʃka]
goed cijfer (het)	добра оценка (ж)	[dobrá otsénka]
slecht cijfer (het)	лоша оценка (ж)	[lóʃa otsénka]
een cijfer geven	пиша оценка (ж)	[píʃa otsénka]

fout (de)	грешка (ж)	[gréʃka]
fouten maken	правя грешки	[právʲa gréʃki]
corrigeren (fouten ~)	поправям	[poprávʲam]
spiekbriefje (het)	пищов (м)	[piʃtóv]

| huiswerk (het) | домашно (с) | [domáʃno] |
| oefening (de) | упражнение (с) | [upraʒnénie] |

| aanwezig zijn (ww) | присъствам | [priséstvam] |
| absent zijn (ww) | отсъствам | [otséstvam] |

bestraffen (een stout kind ~)	наказвам	[nakázvam]
bestraffing (de)	наказание (с)	[nakazánie]
gedrag (het)	поведение (с)	[povedénie]

cijferlijst (de)	дневник (м)	[dnévnik]
potlood (het)	молив (м)	[móliv]
gom (de)	гума (ж)	[gúma]
krijt (het)	тебешир (м)	[tebeʃír]
pennendoos (de)	несесер (м)	[nesesér]

boekentas (de)	раница (ж)	[ránitsa]
pen (de)	химикалка (ж)	[himikálka]
schrift (de)	тетрадка (ж)	[tetrátka]
leerboek (het)	учебник (м)	[utʃébnik]
passer (de)	пергел (м)	[pergél]

technisch tekenen (ww)	чертая	[tʃertája]
technische tekening (de)	чертеж (м)	[tʃertéʒ]

gedicht (het)	стихотворение (c)	[stihotvorénie]
van buiten (bw)	наизуст	[naizúst]
van buiten leren	уча наизуст	[útʃa naizúst]

vakantie (de)	ваканция (ж)	[vakántsija]
met vakantie zijn	във ваканция съм	[vəf vakántsija səm]
vakantie doorbrengen	прекарвам ваканция	[prekárvam vakántsija]

toets (schriftelijke ~)	контролна работа (ж)	[kontrólna rábota]
opstel (het)	съчинение (c)	[sətʃinénie]
dictee (het)	диктовка (ж)	[diktófka]
examen (het)	изпит (м)	[íspit]
examen afleggen	полагам изпити	[polágam íspiti]
experiment (het)	опит (м)	[ópit]

118. Hogeschool. Universiteit

academie (de)	академия (ж)	[akadémija]
universiteit (de)	университет (м)	[universitét]
faculteit (de)	факултет (м)	[fakultét]

student (de)	студент (м)	[studént]
studente (de)	студентка (ж)	[studéntka]
leraar (de)	преподавател (м)	[prepodavátel]

collegezaal (de)	аудитория (ж)	[auditórija]
afgestudeerde (de)	абсолвент (м)	[absolvént]

diploma (het)	диплома (ж)	[díploma]
dissertatie (de)	дисертация (ж)	[disertátsija]

onderzoek (het)	изследване (c)	[isslédvane]
laboratorium (het)	лаборатория (ж)	[laboratórija]

college (het)	лекция (ж)	[léktsija]
medestudent (de)	състудент (м)	[səstudént]

studiebeurs (de)	стипендия (ж)	[stipéndija]
academische graad (de)	научна степен (ж)	[naútʃna stépen]

119. Wetenschappen. Disciplines

wiskunde (de)	математика (ж)	[matemátika]
algebra (de)	алгебра (ж)	[álgebra]
meetkunde (de)	геометрия (ж)	[geométrija]
astronomie (de)	астрономия (ж)	[astronómija]
biologie (de)	биология (ж)	[biológija]
geografie (de)	география (ж)	[geográfija]
geologie (de)	геология (ж)	[geológija]
geschiedenis (de)	история (ж)	[istórija]
geneeskunde (de)	медицина (ж)	[meditsína]
pedagogiek (de)	педагогика (ж)	[pedagógika]
rechten (mv.)	право (с)	[právo]
fysica, natuurkunde (de)	физика (ж)	[fízika]
scheikunde (de)	химия (ж)	[hímija]
filosofie (de)	философия (ж)	[filosófija]
psychologie (de)	психология (ж)	[psihológija]

120. Schrift. Spelling

grammatica (de)	граматика (ж)	[gramátika]
vocabulaire (het)	лексика (ж)	[léksika]
fonetiek (de)	фонетика (ж)	[fonétika]
zelfstandig naamwoord (het)	съществително име (с)	[səʃtestvítelno íme]
bijvoeglijk naamwoord (het)	прилагателно име (с)	[prilagátelno íme]
werkwoord (het)	глагол (м)	[glagól]
bijwoord (het)	наречие (с)	[narétʃie]
voornaamwoord (het)	местоимение (с)	[mestoiménie]
tussenwerpsel (het)	междуметие (с)	[meʒdumétie]
voorzetsel (het)	предлог (м)	[predlók]
stam (de)	корен (м) на думата	[kóren na dúmata]
achtervoegsel (het)	окончание (с)	[okontʃánie]
voorvoegsel (het)	представка (ж)	[pretstáfka]
lettergreep (de)	сричка (ж)	[srítʃka]
achtervoegsel (het)	наставка (ж)	[nastáfka]
nadruk (de)	ударение (с)	[udarénie]
afkappingsteken (het)	апостроф (м)	[apostróf]
punt (de)	точка (ж)	[tótʃka]
komma (de/het)	запетая (ж)	[zapetája]
puntkomma (de)	точка (ж) и запетая	[tótʃka i zapetája]
dubbelpunt (de)	двоеточие (с)	[dvoetótʃie]
beletselteken (het)	многоточие (с)	[mnogotótʃie]
vraagteken (het)	въпросителен знак (м)	[vəprosítelen znák]
uitroepteken (het)	удивителна (ж)	[udivítelna]

aanhalingstekens (mv.)	кавички (мн)	[kavítʃki]
tussen aanhalingstekens (bw)	в кавички	[v kavítʃki]
haakjes (mv.)	скоби (ж мн)	[skóbi]
tussen haakjes (bw)	в скоби	[v skóbi]

streepje (het)	дефис (м)	[defís]
gedachtestreepje (het)	тире (с)	[tiré]
spatie	бяло поле (с)	[bʲálo polé]
(~ tussen twee woorden)		

| letter (de) | буква (ж) | [búkva] |
| hoofdletter (de) | главна буква (ж) | [glávna búkva] |

| klinker (de) | гласен звук (м) | [glásen zvuk] |
| medeklinker (de) | съгласен звук (м) | [səglásen zvuk] |

zin (de)	изречение (с)	[izretʃénie]
onderwerp (het)	подлог (м)	[pódlok]
gezegde (het)	сказуемо (с)	[skazúemo]

regel (in een tekst)	ред (м)	[ret]
op een nieuwe regel (bw)	от нов ред	[ot nóv ret]
alinea (de)	абзац (м)	[abzáts]

woord (het)	дума (ж)	[dúma]
woordgroep (de)	словосъчетание (с)	[slovo·sətʃetánie]
uitdrukking (de)	израз (м)	[ízraz]
synoniem (het)	синоним (м)	[sinoním]
antoniem (het)	антоним (м)	[antoním]

regel (de)	правило (с)	[právilo]
uitzondering (de)	изключение (с)	[izklʲutʃénie]
correct (bijv. ~e spelling)	верен	[véren]

vervoeging, conjugatie (de)	спрежение (с)	[spreʒénie]
verbuiging, declinatie (de)	склонение (с)	[sklonénie]
naamval (de)	падеж (м)	[padéʒ]
vraag (de)	въпрос (м)	[vəprós]
onderstrepen (ww)	подчертая	[podtʃertája]
stippellijn (de)	пунктир (м)	[punktír]

121. Vreemde talen

taal (de)	език (м)	[ezík]
vreemd (bn)	чужд	[tʃuʒd]
vreemde taal (de)	чужд език (м)	[tʃuʒd ezík]
leren (bijv. van buiten ~)	изучавам	[izutʃávam]
studeren (Nederlands ~)	уча	[útʃa]

lezen (ww)	чета	[tʃeta]
spreken (ww)	говоря	[govórʲa]
begrijpen (ww)	разбирам	[razbíram]
schrijven (ww)	пиша	[píʃa]
snel (bw)	бързо	[bérzo]

| langzaam (bw) | бавно | [bávno] |
| vloeiend (bw) | свободно | [svobódno] |

regels (mv.)	правила (с мн)	[pravilá]
grammatica (de)	граматика (ж)	[gramátika]
vocabulaire (het)	лексика (ж)	[léksika]
fonetiek (de)	фонетика (ж)	[fonétika]

leerboek (het)	учебник (м)	[utʃébnik]
woordenboek (het)	речник (м)	[rétʃnik]
leerboek (het) voor zelfstudie	самоучител (м)	[samoutʃítel]
taalgids (de)	разговорник (м)	[razgovórnik]

cassette (de)	касета (ж)	[kaséta]
videocassette (de)	видеокасета (ж)	[video·kaséta]
CD (de)	CD диск (м)	[sidí disk]
DVD (de)	DVD (м)	[dividí]

alfabet (het)	алфавит (м)	[alfavít]
spellen (ww)	спелувам	[spelúvam]
uitspraak (de)	произношение (с)	[proiznoʃénie]

accent (het)	акцент (м)	[aktsént]
met een accent (bw)	с акцент	[s aktsént]
zonder accent (bw)	без акцент	[bez aktsént]

| woord (het) | дума (ж) | [dúma] |
| betekenis (de) | смисъл (м) | [smísəl] |

cursus (de)	курсове (м мн)	[kúrsove]
zich inschrijven (ww)	запиша се	[zapíʃa se]
leraar (de)	преподавател (м)	[prepodavátel]

vertaling (een ~ maken)	превод (м)	[prévot]
vertaling (tekst)	превод (м)	[prévot]
vertaler (de)	преводач (м)	[prevodátʃ]
tolk (de)	преводач (м)	[prevodátʃ]

| polyglot (de) | полиглот (м) | [poliglót] |
| geheugen (het) | памет (ж) | [pámet] |

122. Sprookjesfiguren

| Sinterklaas (de) | Дядо Коледа | [dʲádo kóleda] |
| zeemeermin (de) | русалка (ж) | [rusálka] |

magiër, tovenaar (de)	вълшебник (м)	[vəlʃébnik]
goede heks (de)	вълшебница (ж)	[vəlʃébnitsa]
magisch (bn)	вълшебен	[vəlʃében]
toverstokje (het)	вълшебна пръчица (ж)	[vəlʃébna prétʃitsa]

sprookje (het)	приказка (ж)	[príkaska]
wonder (het)	чудо (с)	[tʃúdo]
dwerg (de)	джудже (с)	[dʒudʒé]

veranderen in … (anders worden)	превърна се в …	[prevérna se v]
geest (de)	привидение (c)	[prividénie]
spook (het)	призрак (м)	[prízrak]
monster (het)	чудовище (c)	[ʧudóviʃte]
draak (de)	ламя (ж)	[lamʲá]
reus (de)	великан (м)	[velikán]

123. Dierenriem

Ram (de)	Овен (м)	[ovén]
Stier (de)	Телец (м)	[teléts]
Tweelingen (mv.)	Близнаци (м мн)	[bliznátsi]
Kreeft (de)	Рак (м)	[rak]
Leeuw (de)	Лъв (м)	[ləv]
Maagd (de)	Дева (ж)	[déva]

Weegschaal (de)	Везни (ж мн)	[vezní]
Schorpioen (de)	Скорпион (м)	[skorpión]
Boogschutter (de)	Стрелец (м)	[streléts]
Steenbok (de)	Козирог (м)	[kózirok]
Waterman (de)	Водолей (м)	[vodoléj]
Vissen (mv.)	Риби (ж мн)	[ríbi]

karakter (het)	характер (м)	[harákter]
karaktertrekken (mv.)	черти (ж мн) на характера	[ʧertí na haráktera]
gedrag (het)	поведение (c)	[povedénie]
waarzeggen (ww)	гледам	[glédam]
waarzegster (de)	гледачка (ж)	[gledátʃka]
horoscoop (de)	хороскоп (м)	[horoskóp]

Kunst

124. Theater

theater (het)	театър (м)	[teátər]
opera (de)	опера (ж)	[ópera]
operette (de)	оперета (ж)	[operéta]
ballet (het)	балет (м)	[balét]

affiche (de/het)	афиш (м)	[afíʃ]
theatergezelschap (het)	трупа (ж)	[trúpa]
tournee (de)	гастроли (м мн)	[gastróli]
op tournee zijn	гастролирам	[gastrolíram]
repeteren (ww)	репетирам	[repetíram]
repetitie (de)	репетиция (ж)	[repetítsija]
repertoire (het)	репертоар (м)	[repertuár]

voorstelling (de)	представление (с)	[pretstavlénie]
spektakel (het)	спектакъл (м)	[spektákəl]
toneelstuk (het)	пиеса (ж)	[piésa]

biljet (het)	билет (м)	[bilét]
kassa (de)	билетна каса (ж)	[bilétna kása]
foyer (de)	хол (м)	[hol]
garderobe (de)	гардероб (м)	[garderóp]
garderobe nummer (het)	номерче (с)	[nómerʧe]
verrekijker (de)	бинокъл (м)	[binókəl]
plaatsaanwijzer (de)	контрольор (м)	[kontrolʲór]

parterre (de)	партер (м)	[párter]
balkon (het)	балкон (м)	[balkón]
gouden rang (de)	първи балкон (м)	[pérvi balkón]
loge (de)	ложа (ж)	[lóʒa]
rij (de)	ред (м)	[ret]
plaats (de)	място (с)	[mʲásto]

publiek (het)	публика (ж)	[públika]
kijker (de)	зрител (м)	[zrítel]
klappen (ww)	аплодирам	[aplodíram]
applaus (het)	аплодисменти (м мн)	[aplodisménti]
ovatie (de)	овации (ж мн)	[ovátsii]

toneel (op het ~ staan)	сцена (ж)	[stséna]
gordijn, doek (het)	завеса (ж)	[zavésa]
toneeldecor (het)	декорация (ж)	[dekorátsija]
backstage (de)	кулиси (ж мн)	[kulísi]

scène (de)	сцена (ж)	[stséna]
bedrijf (het)	действие (с)	[déjstvie]
pauze (de)	антракт (м)	[antrákt]

125. Bioscoop

acteur (de)	актьор (м)	[aktjór]
actrice (de)	актриса (ж)	[aktrísa]
bioscoop (de)	кино (с)	[kíno]
speelfilm (de)	филм (м)	[film]
aflevering (de)	серия (ж)	[sérija]
detectivefilm (de)	детективски филм (м)	[detektífski film]
actiefilm (de)	екшън филм (м)	[ékʃǝn film]
avonturenfilm (de)	приключенски филм (м)	[priklʲutʃénski film]
sciencefictionfilm (de)	фантастичен филм (м)	[fantastítʃen film]
griezelfilm (de)	филм (м) на ужаси	[film na úʒasi]
komedie (de)	кинокомедия (ж)	[kinokomédija]
melodrama (het)	мелодрама (ж)	[melodráma]
drama (het)	драма (ж)	[dráma]
speelfilm (de)	игрален филм (м)	[igrálen film]
documentaire (de)	документален филм (м)	[dokumentálen film]
tekenfilm (de)	анимационен филм (м)	[animatsiónen film]
stomme film (de)	нямо кино (с)	[nʲámo kíno]
rol (de)	роля (ж)	[rólʲa]
hoofdrol (de)	главна роля (ж)	[glávna rólʲa]
spelen (ww)	играя	[igrája]
filmster (de)	кинозвезда (ж)	[kinozvezdá]
bekend (bn)	известен	[izvésten]
beroemd (bn)	прочут	[protʃút]
populair (bn)	популярен	[populʲáren]
scenario (het)	сценарий (м)	[stsenárij]
scenarioschrijver (de)	сценарист (м)	[stsenaríst]
regisseur (de)	режисьор (м)	[reʒisʲór]
filmproducent (de)	продуцент (м)	[produtsént]
assistent (de)	асистент (м)	[asistént]
cameraman (de)	оператор (м)	[operátor]
stuntman (de)	каскадьор (м)	[kaskadʲór]
een film maken	снимам филм	[snímam film]
auditie (de)	проби (ж мн)	[próbi]
opnamen (mv.)	снимане (с)	[snímane]
filmploeg (de)	снимачен екип (м)	[snimátʃen ekíp]
filmset (de)	снимачна площадка (ж)	[snimátʃna ploʃtátka]
filmcamera (de)	кинокамера (ж)	[kinokámera]
bioscoop (de)	кинотеатър (м)	[kinoteátǝr]
scherm (het)	екран (м)	[ekrán]
een film vertonen	прожектирам филм	[proʒektíram film]
geluidsspoor (de)	звукова пътека (ж)	[zvúkova pǝtéka]
speciale effecten (mv.)	специални ефекти (м мн)	[spetsiálni efékti]
ondertiteling (de)	субтитри (мн)	[suptítri]

| voortiteling, aftiteling (de) | титри (мн) | [títri] |
| vertaling (de) | превод (м) | [prévot] |

126. Schilderij

kunst (de)	изкуство (с)	[izkústvo]
schone kunsten (mv.)	изящни изкуства (с мн)	[iz¹áʃtni iskústva]
kunstgalerie (de)	галерия (ж)	[galérija]
kunsttentoonstelling (de)	изложба (ж) на картини	[izlóȝba na kartíni]

schilderkunst (de)	живопис (м)	[ȝivopís]
grafiek (de)	графика (ж)	[gráfika]
abstracte kunst (de)	абстракционизъм (м)	[abstraktsionízəm]
impressionisme (het)	импресионизъм (м)	[impresionízəm]

schilderij (het)	картина (ж)	[kartína]
tekening (de)	рисунка (ж)	[risúnka]
poster (de)	постер (м)	[póster]

illustratie (de)	илюстрация (ж)	[iľustrátsija]
miniatuur (de)	миниатюра (ж)	[miniatʲúra]
kopie (de)	копие (с)	[kópie]
reproductie (de)	репродукция (ж)	[reprodúktsija]

mozaïek (het)	мозайка (ж)	[mozájka]
gebrandschilderd glas (het)	стъклопис (м)	[stəklopís]
fresco (het)	фреска (ж)	[fréska]
gravure (de)	гравюра (ж)	[gravʲúra]

buste (de)	бюст (м)	[bʲust]
beeldhouwwerk (het)	скулптура (ж)	[skulptúra]
beeld (bronzen ~)	статуя (ж)	[státuja]
gips (het)	гипс (м)	[gips]
gipsen (bn)	от гипс	[ot gips]

portret (het)	портрет (м)	[portrét]
zelfportret (het)	автопортрет (м)	[aftoportrét]
landschap (het)	пейзаж (м)	[pejzáȝ]
stilleven (het)	натюрморт (м)	[natʲurmórt]
karikatuur (de)	карикатура (ж)	[karikatúra]
schets (de)	скица (ж)	[skítsa]

verf (de)	боя (ж)	[bojá]
aquarel (de)	акварел (м)	[akvarél]
olieverf (de)	маслени бои (ж мн)	[másleni boí]
potlood (het)	молив (м)	[móliv]
Oost-Indische inkt (de)	туш (м)	[tuʃ]
houtskool (de)	въглен (м)	[véglen]

| tekenen (met krijt) | рисувам | [risúvam] |
| schilderen (ww) | рисувам | [risúvam] |

| poseren (ww) | позирам | [pozíram] |
| naaktmodel (man) | модел (м) | [modél] |

naaktmodel (vrouw)	модел (м)	[modél]
kunstenaar (de)	художник (м)	[hudóʒnik]
kunstwerk (het)	произведение (с)	[proizvedénie]
meesterwerk (het)	шедьовър (м)	[ʃedʲóvər]
studio, werkruimte (de)	ателие (с)	[atelié]
schildersdoek (het)	платно (с)	[platnó]
schildersezel (de)	статив (м)	[statíf]
palet (het)	палитра (ж)	[palítra]
lijst (een vergulde ~)	рамка (ж)	[rámka]
restauratie (de)	реставрация (ж)	[restavrátsija]
restaureren (ww)	реставрирам	[restavríram]

127. Literatuur & Poëzie

literatuur (de)	литература (ж)	[literatúra]
auteur (de)	автор (м)	[áftor]
pseudoniem (het)	псевдоним (м)	[psevdoním]
boek (het)	книга (ж)	[kníga]
boekdeel (het)	том (м)	[tom]
inhoudsopgave (de)	съдържание (с)	[sədərʒánie]
pagina (de)	страница (ж)	[stránitsa]
hoofdpersoon (de)	главен герой (м)	[gláven gerój]
handtekening (de)	автограф (м)	[aftográf]
verhaal (het)	разказ (м)	[rázkaz]
novelle (de)	повест (ж)	[póvest]
roman (de)	роман (м)	[román]
werk (literatuur)	съчинение (с)	[səʧinénie]
fabel (de)	басня (ж)	[básnʲa]
detectiveroman (de)	детективски роман (м)	[detektífski román]
gedicht (het)	стихотворение (с)	[stihotvorénie]
poëzie (de)	поезия (ж)	[poézija]
epos (het)	поема (ж)	[poéma]
dichter (de)	поет (м)	[poét]
fictie (de)	белетристика (ж)	[beletrístika]
sciencefiction (de)	научна фантастика (ж)	[naúʧna fantástika]
avonturenroman (de)	приключения (с мн)	[priklʲuʧénija]
opvoedkundige literatuur (de)	учебна литература (ж)	[uʧébna literatúra]
kinderliteratuur (de)	детска литература (ж)	[détska literatúra]

128. Circus

circus (de/het)	цирк (м)	[tsirk]
programma (het)	програма (ж)	[prográma]
voorstelling (de)	представление (с)	[pretstavlénie]
nummer (circus ~)	номер (м)	[nómer]
arena (de)	арена (ж)	[aréna]

| pantomime (de) | пантомима (ж) | [pantomíma] |
| clown (de) | клоун (м) | [klóun] |

acrobaat (de)	акробат (м)	[akrobát]
acrobatiek (de)	акробатика (ж)	[akrobátika]
gymnast (de)	гимнастик (м)	[gimnastík]
gymnastiek (de)	гимнастика (ж)	[gimnástika]
salto (de)	салто (с)	[sálto]

sterke man (de)	атлет (м)	[atlét]
temmer (de)	укротител (м)	[ukrotítel]
ruiter (de)	ездач (м)	[ezdátʃ]
assistent (de)	асистент (м)	[asistént]

stunt (de)	трик (м)	[trik]
goocheltruc (de)	фокус (м)	[fókus]
goochelaar (de)	фокусник (м)	[fókusnik]

jongleur (de)	жонгльор (м)	[ʒonglʲór]
jongleren (ww)	жонглирам	[ʒonglíram]
dierentrainer (de)	дресьор (м)	[dresʲór]
dressuur (de)	дресиране (с)	[dresírane]
dresseren (ww)	дресирам	[dresíram]

129. Muziek. Popmuziek

muziek (de)	музика (ж)	[múzika]
muzikant (de)	музикант (м)	[muzikánt]
muziekinstrument (het)	музикален инструмент (м)	[muzikálen instrumént]
spelen (bijv. gitaar ~)	свиря на ...	[svírʲa na]

gitaar (de)	китара (ж)	[kitára]
viool (de)	цигулка (ж)	[tsigúlka]
cello (de)	чело (с)	[tʃélo]
contrabas (de)	контрабас (м)	[kontrabás]
harp (de)	арфа (ж)	[árfa]

piano (de)	пиано (с)	[piáno]
vleugel (de)	роял (м)	[rojál]
orgel (het)	орган (м)	[orgán]

blaasinstrumenten (mv.)	духови инструменти (м мн)	[dúhovi instruménti]
hobo (de)	обой (м)	[obój]
saxofoon (de)	саксофон (м)	[saksofón]
klarinet (de)	кларнет (м)	[klarnét]
fluit (de)	флейта (ж)	[fléjta]
trompet (de)	тръба (ж)	[trəbá]

| accordeon (de/het) | акордеон (м) | [akordeón] |
| trommel (de) | барабан (м) | [barabán] |

duet (het)	дует (м)	[duét]
trio (het)	трио (с)	[trío]
kwartet (het)	квартет (м)	[kvartét]

| koor (het) | хор (м) | [hor] |
| orkest (het) | оркестър (м) | [orkéstər] |

popmuziek (de)	поп музика (ж)	[pop múzika]
rockmuziek (de)	рок музика (ж)	[rok múzika]
rockgroep (de)	рок-група (ж)	[rok-grúpa]
jazz (de)	джаз (м)	[dʒaz]

| idool (het) | кумир (м) | [kumír] |
| bewonderaar (de) | почитател (м) | [potʃitátel] |

concert (het)	концерт (м)	[kontsért]
symfonie (de)	симфония (ж)	[simfónija]
compositie (de)	съчинение (с)	[sətʃinénie]
componeren (muziek ~)	съчинявам	[sətʃiniávam]

zang (de)	пеене (с)	[péene]
lied (het)	песен (ж)	[pésen]
melodie (de)	мелодия (ж)	[melódija]
ritme (het)	ритъм (м)	[rítəm]
blues (de)	блус (м)	[blus]

bladmuziek (de)	ноти (ж мн)	[nóti]
dirigeerstok (baton)	диригентска палка (ж)	[dirigénska pálka]
strijkstok (de)	лък (м)	[lək]
snaar (de)	струна (ж)	[strúna]
koffer (de)	калъф (м)	[kaléf]

Rusten. Entertainment. Reizen

130. Trip. Reizen

toerisme (het)	туризъм (м)	[turízəm]
toerist (de)	турист (м)	[turíst]
reis (de)	пътешествие (c)	[pəteʃéstvie]
avontuur (het)	приключение (c)	[prikliutʃénie]
tocht (de)	пътуване (c)	[pətúvane]
vakantie (de)	отпуска (ж)	[ótpuska]
met vakantie zijn	бъда в отпуска	[béda v ótpuska]
rust (de)	почивка (ж)	[potʃífka]
trein (de)	влак (м)	[vlak]
met de trein	с влак	[s vlak]
vliegtuig (het)	самолет (м)	[samolét]
met het vliegtuig	със самолет	[səs samolét]
met de auto	с кола	[s kolá]
per schip (bw)	с кораб	[s kórap]
bagage (de)	багаж (м)	[bagáʃ]
valies (de)	куфар (м)	[kúfar]
bagagekarretje (het)	количка (ж) за багаж	[kolítʃka za bagáʃ]
paspoort (het)	паспорт (м)	[paspórt]
visum (het)	виза (ж)	[víza]
kaartje (het)	билет (м)	[bilét]
vliegticket (het)	самолетен билет (м)	[samoléten bilét]
reisgids (de)	пътеводител (м)	[pətevodítel]
kaart (de)	карта (ж)	[kárta]
gebied (landelijk ~)	местност (ж)	[méstnost]
plaats (de)	място (c)	[mʲásto]
exotische bestemming (de)	екзотика (ж)	[ekzótika]
exotisch (bn)	екзотичен	[ekzotítʃen]
verwonderlijk (bn)	удивителен	[udivítelen]
groep (de)	група (ж)	[grúpa]
rondleiding (de)	екскурзия (ж)	[ekskúrzija]
gids (de)	гид (м)	[git]

131. Hotel

hotel (het)	хотел (м)	[hotél]
motel (het)	мотел (м)	[motél]
3-sterren	три звезди	[tri zvezdí]

| 5-sterren | пет звезди | [pet zvezdí] |
| overnachten (ww) | отсядам | [ots'ádam] |

kamer (de)	стая (ж) в хотел	[stája f hotél]
eenpersoonskamer (de)	единична стая (ж)	[edinítʃna stája]
tweepersoonskamer (de)	двойна стая (ж)	[dvójna stája]
een kamer reserveren	резервирам стая	[rezervíram stája]

| halfpension (het) | полупансион (м) | [polupansión] |
| volpension (het) | пълен пансион (м) | [pélen pansión] |

met badkamer	с баня	[s bán'a]
met douche	с душ	[s duʃ]
satelliet-tv (de)	сателитна телевизия (ж)	[satelítna televízija]
airconditioner (de)	климатик (м)	[klimatík]
handdoek (de)	кърпа (ж)	[kérpa]
sleutel (de)	ключ (м)	[kl'utʃ]

administrateur (de)	администратор (м)	[administrátor]
kamermeisje (het)	камериерка (ж)	[kameriérka]
piccolo (de)	носач (м)	[nosátʃ]
portier (de)	портиер (м)	[portiér]

restaurant (het)	ресторант (м)	[restoránt]
bar (de)	бар (м)	[bar]
ontbijt (het)	закуска (ж)	[zakúska]
avondeten (het)	вечеря (ж)	[vetʃér'a]
buffet (het)	шведска маса (ж)	[ʃvétska mása]

| hal (de) | вестибюл (м) | [vestib'úl] |
| lift (de) | асансьор (м) | [asans'ór] |

| NIET STOREN | НЕ МЕ БЕЗПОКОЙТЕ! | [ne me bespokójte] |
| VERBODEN TE ROKEN! | ПУШЕНЕТО ЗАБРАНЕНО! | [puʃenéto zabráneno] |

132. Boeken. Lezen

boek (het)	книга (ж)	[kníga]
auteur (de)	автор (м)	[áftor]
schrijver (de)	писател (м)	[pisátel]
schrijven (een boek)	напиша	[napíʃa]

lezer (de)	читател (м)	[tʃitátel]
lezen (ww)	чета	[tʃeta]
lezen (het)	четене (с)	[tʃétene]

| stil (~ lezen) | на ум | [na úm] |
| hardop (~ lezen) | на глас | [na glás] |

uitgeven (boek ~)	издавам	[izdávam]
uitgeven (het)	издание (с)	[izdánie]
uitgever (de)	издател (м)	[izdátel]
uitgeverij (de)	издателство (с)	[izdátelstvo]
verschijnen (bijv. boek)	излизам	[izlízam]

| verschijnen (het) | излизане (c) | [izlízane] |
| oplage (de) | тираж (м) | [tiráʒ] |

| boekhandel (de) | книжарница (ж) | [kniʒárnitsa] |
| bibliotheek (de) | библиотека (ж) | [bibliotéka] |

novelle (de)	повест (ж)	[póvest]
verhaal (het)	разказ (м)	[rázkaz]
roman (de)	роман (м)	[román]
detectiveroman (de)	детективски роман (м)	[detektífski román]

memoires (mv.)	мемоари (мн)	[memoári]
legende (de)	легенда (ж)	[legénda]
mythe (de)	мит (м)	[mit]

gedichten (mv.)	стихове (м мн)	[stihové]
autobiografie (de)	автобиография (ж)	[aftobiográfija]
bloemlezing (de)	избрани съчинения	[izbráni sətʃinénija]
sciencefiction (de)	фантастика (ж)	[fantástika]

naam (de)	название (c)	[nazvánie]
inleiding (de)	въведение (c)	[vəvedénie]
voorblad (het)	заглавна страница (ж)	[zaglávna stránitsa]

hoofdstuk (het)	глава (ж)	[glavá]
fragment (het)	откъс (м)	[ótkəs]
episode (de)	епизод (м)	[epizót]

intrige (de)	сюжет (м)	[sʲuʒét]
inhoud (de)	съдържание (c)	[sədərʒánie]
hoofdpersonage (het)	главен герой (м)	[gláven gerój]

boekdeel (het)	том (м)	[tom]
omslag (de/het)	корица (ж)	[korítsa]
boekband (de)	подвързия (ж)	[podvərzíja]
bladwijzer (de)	маркер (м)	[márker]

pagina (de)	страница (ж)	[stránitsa]
bladeren (ww)	прелиствам	[prelístvam]
marges (mv.)	полета (c мн)	[poléta]
annotatie (de)	бележка (ж)	[beléʃka]
opmerking (de)	забележка (ж)	[zabeléʃka]

tekst (de)	текст (м)	[tekst]
lettertype (het)	шрифт (м)	[ʃrift]
drukfout (de)	печатна грешка (ж)	[petʃátna gréʃka]

vertaling (de)	превод (м)	[prévot]
vertalen (ww)	превеждам	[prevéʒdam]
origineel (het)	оригинал (м)	[originál]

beroemd (bn)	прочут	[protʃút]
onbekend (bn)	неизвестен	[neizvésten]
interessant (bn)	интересен	[interésen]
bestseller (de)	бестселър (м)	[bestsélər]
woordenboek (het)	речник (м)	[rétʃnik]

leerboek (het)	учебник (м)	[utʃébnik]
encyclopedie (de)	енциклопедия (ж)	[entsiklopédija]

133. Jacht. Vissen

jacht (de)	лов (м)	[lov]
jagen (ww)	ловувам	[lovúvam]
jager (de)	ловец (м)	[lovéts]
schieten (ww)	стрелям	[strél'am]
geweer (het)	пушка (ж)	[púʃka]
patroon (de)	патрон (м)	[patrón]
hagel (de)	сачма (ж)	[satʃmá]
val (de)	капан (м)	[kapán]
valstrik (de)	примка (ж)	[prímka]
een val zetten	залагам капан	[zalágam kapán]
stroper (de)	бракониер (м)	[brakoniér]
wild (het)	дивеч (ж)	[dívetʃ]
jachthond (de)	ловно куче (с)	[lóvno kútʃe]
safari (de)	сафари (с)	[safári]
opgezet dier (het)	препарирано животно (с)	[preparírano ʒivótno]
visser (de)	рибар (м)	[ribár]
visvangst (de)	риболов (м)	[ribolóv]
vissen (ww)	ловя риба	[lov'á ríba]
hengel (de)	въдица (ж)	[véditsa]
vislijn (de)	месина (ж)	[mesína]
haak (de)	кука (ж)	[kúka]
dobber (de)	плувка (ж)	[plúfka]
aas (het)	стръв (ж)	[strəv]
de hengel uitwerpen	хвърлям въдица	[hvérl'am véditsa]
bijten (ov. de vissen)	кълва	[kəlvá]
vangst (de)	улов (м)	[úlof]
wak (het)	дупка (ж) в леда	[dúpka v ledá]
net (het)	мрежа (ж)	[mréʒa]
boot (de)	лодка (ж)	[lótka]
vissen met netten	ловя с мрежа	[lov'á s mréʒa]
het net uitwerpen	хвърлям мрежа	[hvérl'am mréʒa]
het net binnenhalen	изваждам мрежа	[izváʒdam mréʒa]
walvisvangst (de)	китоловец (м)	[kitolóvets]
walvisvaarder (de)	китоловен кораб (м)	[kitolóven kórap]
harpoen (de)	харпун (м)	[harpún]

134. Spellen. Biljart

biljart (het)	билярд (м)	[bil'árt]
biljartzaal (de)	билярдна зала (ж)	[bil'árdna zála]

biljartbal (de)	билярдна топка (ж)	[bilʲárdna tópka]
een bal in het gat jagen	вкарам топка	[fkáram tópka]
keu (de)	щека (ж)	[ʃtéka]
gat (het)	дупка (ж)	[dúpka]

135. Spellen. Speelkaarten

ruiten (mv.)	каро (с)	[karó]
schoppen (mv.)	пики (ж мн)	[píki]
klaveren (mv.)	купи (ж мн)	[kúpi]
harten (mv.)	спатии (ж мн)	[spatíi]

aas (de)	асо (с)	[asó]
koning (de)	поп (м)	[pop]
dame (de)	дама (ж)	[dáma]
boer (de)	вале (м)	[valé]

speelkaart (de)	карта (ж)	[kárta]
kaarten (mv.)	карти (ж мн)	[kárti]
troef (de)	коз (м)	[kos]
pak (het) kaarten	тесте (с)	[testé]

uitdelen (kaarten ~)	раздавам	[razdávam]
schudden (de kaarten ~)	размесвам	[razmésvam]
beurt (de)	ход (м)	[hot]
valsspeler (de)	шмекер (м)	[ʃméker]

136. Rusten. Spellen. Diversen

wandelen (on.ww.)	разхождам се	[rashóʒdam se]
wandeling (de)	разходка (ж)	[rashótka]
trip (per auto)	пътуване (с)	[pətúvane]
avontuur (het)	приключение (с)	[priklʲutʃénie]
picknick (de)	пикник (м)	[píknik]

spel (het)	игра (ж)	[igrá]
speler (de)	играч (м)	[igrátʃ]
partij (de)	партия (ж)	[pártija]

collectioneur (de)	колекционер (м)	[kolektsionér]
collectioneren (ww)	колекционирам	[kolektsioníram]
collectie (de)	колекция (ж)	[koléktsija]

kruiswoordraadsel (het)	кръстословица (ж)	[krəstoslóvitsa]
hippodroom (de)	хиподрум (м)	[hipodrúm]
discotheek (de)	дискотека (ж)	[diskotéka]

| sauna (de) | сауна (ж) | [sáuna] |
| loterij (de) | лотария (ж) | [lotárija] |

| trektocht (kampeertocht) | поход (м) | [póhot] |
| kamp (het) | лагер (м) | [láger] |

tent (de)	палатка (ж)	[palátka]
kompas (het)	компас (м)	[kompás]
rugzaktoerist (de)	турист (м)	[turíst]

bekijken (een film ~)	гледам	[glédam]
kijker (televisie~)	телезрител (м)	[telezrítel]
televisie-uitzending (de)	телевизионно предаване (с)	[televiziónno predávane]

137. Fotografie

| fotocamera (de) | фотоапарат (м) | [fotoaparát] |
| foto (de) | снимка (ж) | [snímka] |

fotograaf (de)	фотограф (м)	[fotográf]
fotostudio (de)	фотостудио (с)	[fotostúdio]
fotoalbum (het)	фотоалбум (м)	[fotoalbúm]

lens (de), objectief (het)	обектив (м)	[obektív]
telelens (de)	телеобектив (м)	[teleobektíf]
filter (de/het)	филтър (м)	[fíltər]
lens (de)	леща (ж)	[léʃta]
optiek (de)	оптика (ж)	[óptika]
diafragma (het)	диафрагма (ж)	[diafrágma]
belichtingstijd (de)	експозиция (ж)	[ekspozítsija]
zoeker (de)	визьор (м)	[vizʲór]

digitale camera (de)	цифрова камера (ж)	[tsífrova kámera]
statief (het)	статив (м)	[statíf]
flits (de)	светкавица (ж)	[svetkávitsa]
fotograferen (ww)	снимам	[snímam]
foto's maken	снимам	[snímam]
zich laten fotograferen	снимам се	[snímam se]

focus (de)	фокус (м)	[fókus]
scherpstellen (ww)	нагласявам рязкост	[naglasʲávam rʲáskost]
scherp (bn)	рязък	[rʲázək]
scherpte (de)	рязкост (ж)	[rʲáskost]

| contrast (het) | контраст (м) | [kontrást] |
| contrastrijk (bn) | контрастен | [kontrásten] |

kiekje (het)	снимка (ж)	[snímka]
negatief (het)	негатив (м)	[negatíf]
filmpje (het)	фотолента (ж)	[fotolénta]
beeld (frame)	кадър (м)	[kádər]
afdrukken (foto's ~)	печатам	[petʃátam]

138. Strand. Zwemmen

| strand (het) | плаж (м) | [plaʒ] |
| zand (het) | пясък (м) | [pʲásək] |

leeg (~ strand)	пустинен	[pustínen]
bruine kleur (de)	тен (м)	[ten]
zonnebaden (ww)	пека се	[peká se]
gebruind (bn)	почернял	[potʃernʲál]
zonnecrème (de)	крем (м) за тен	[krem za ten]
bikini (de)	бикини (мн)	[bikíni]
badpak (het)	бански костюм (м)	[bánski kostʲúm]
zwembroek (de)	плувки (мн)	[plúfki]
zwembad (het)	басейн (м)	[baséjn]
zwemmen (ww)	плувам	[plúvam]
douche (de)	душ (м)	[duʃ]
zich omkleden (ww)	преобличам се	[preoblítʃam se]
handdoek (de)	кърпа (ж)	[kə́rpa]
boot (de)	лодка (ж)	[lótka]
motorboot (de)	катер (м)	[káter]
waterski's (mv.)	водни ски (мн)	[vódni ski]
waterfiets (de)	водно колело (с)	[vódno koleló]
surfen (het)	сърфинг (м)	[sə́rfing]
surfer (de)	сърфист (м)	[sərfíst]
scuba, aqualong (de)	акваланг (м)	[akvaláng]
zwemvliezen (mv.)	плавници (ж мн)	[plávnitsi]
duikmasker (het)	маска (ж)	[máska]
duiker (de)	гмуркач (м)	[gmurkátʃ]
duiken (ww)	гмуркам се	[gmúrkam se]
onder water (bw)	под вода	[pot vodá]
parasol (de)	чадър (м)	[tʃadér]
ligstoel (de)	шезлонг (м)	[ʃezlóng]
zonnebril (de)	очила (мн)	[otʃílá]
luchtmatras (de/het)	плажен дюшек (м)	[plaʒén dʲuʃék]
spelen (ww)	играя	[igrája]
gaan zwemmen (ww)	къпя се	[kə́pʲa se]
bal (de)	топка (ж)	[tópka]
opblazen (oppompen)	надувам	[nadúvam]
lucht-, opblaasbare (bn)	надуваем	[naduváem]
golf (hoge ~)	вълна (ж)	[vəlná]
boei (de)	шамандура (ж)	[ʃamandúra]
verdrinken (ww)	давя се	[dávʲa se]
redden (ww)	спасявам	[spasʲávam]
reddingsvest (de)	спасителна жилетка (ж)	[spasítelna ʒilétka]
waarnemen (ww)	наблюдавам	[nablʲudávam]
redder (de)	спасител (м)	[spasítel]

TECHNISCHE APPARATUUR. VERVOER

Technische apparatuur

139. Computer

computer (de)	компютър (м)	[kompʲútər]
laptop (de)	лаптоп (м)	[laptóp]
aanzetten (ww)	включа	[fklʲútʃa]
uitzetten (ww)	изключа	[isklʲútʃa]
toetsenbord (het)	клавиатура (ж)	[klaviatúra]
toets (enter~)	клавиш (м)	[klavíʃ]
muis (de)	мишка (ж)	[míʃka]
muismat (de)	подложка (ж) за мишка	[podlóʃka za míʃka]
knopje (het)	бутон (м)	[butón]
cursor (de)	курсор (м)	[kursór]
monitor (de)	монитор (м)	[monítor]
scherm (het)	екран (м)	[ekrán]
harde schijf (de)	твърд диск (м)	[tvérd dísk]
volume (het)	капацитет (м)	[kapatsitét]
van de harde schijf	на твърдия диск	na tvérdija disk]
geheugen (het)	памет (ж)	[pámet]
RAM-geheugen (het)	операционна памет (ж)	[operatsiónna pámet]
bestand (het)	файл (м)	[fajl]
folder (de)	папка (ж)	[pápka]
openen (ww)	отворя	[otvórʲa]
sluiten (ww)	затворя	[zatvórʲa]
opslaan (ww)	съхраня	[səhranʲá]
verwijderen (wissen)	изтрия	[istríja]
kopiëren (ww)	копирам	[kopíram]
sorteren (ww)	сортирам	[sortíram]
overplaatsen (ww)	копира	[kopíra]
programma (het)	програма (ж)	[prográma]
software (de)	софтуер (м)	[softuér]
programmeur (de)	програмист (м)	[programíst]
programmeren (ww)	програмирам	[programíram]
hacker (computerkraker)	хакер (м)	[háker]
wachtwoord (het)	парола (ж)	[paróla]
virus (het)	вирус (м)	[vírus]
ontdekken (virus ~)	намеря	[namérʲa]

byte (de)	байт (м)	[bajt]
megabyte (de)	мегабайт (м)	[megabájt]

data (de)	данни (мн)	[dánni]
databank (de)	база (ж) данни	[báza dánni]

kabel (USB-~, enz.)	кабел (м)	[kábel]
afsluiten (ww)	разединя	[razedinʲá]
aansluiten op (ww)	съединя	[səedinʲá]

140. Internet. E-mail

internet (het)	интернет (м)	[internét]
browser (de)	браузър (м)	[bráuzər]
zoekmachine (de)	търсачка (ж)	[tərsátʃka]
internetprovider (de)	интернет доставчик (м)	[ínternet dostáftʃik]

webmaster (de)	уеб майстор (м)	[web májstor]
website (de)	уеб сайт (м)	[web sajt]
webpagina (de)	уеб страница (ж)	[web stránitsa]

adres (het)	адрес (м)	[adrés]
adresboek (het)	адресна книга (ж)	[adrésna kníga]

postvak (het)	пощенска кутия (ж)	[póʃtenska kutíja]
post (de)	поща (ж)	[póʃta]
vol (~ postvak)	препълнен	[prepélnen]

bericht (het)	съобщение (с)	[səobʃténie]
binnenkomende berichten (mv.)	входящи съобщения (с мн)	[fhodʲáʃti səobʃténija]
uitgaande berichten (mv.)	изходящи съобщения (с мн)	[ishodʲáʃti səobʃténija]
verzender (de)	подател (м)	[podátel]
verzenden (ww)	изпратя	[isprátʲa]
verzending (de)	изпращане (с)	[ispráʃtane]

ontvanger (de)	получател (м)	[polutʃátel]
ontvangen (ww)	получа	[polútʃa]

correspondentie (de)	кореспонденция (ж)	[korespondéntsija]
corresponderen (met …)	кореспондирам	[korespondíram]

bestand (het)	файл (м)	[fajl]
downloaden (ww)	свалям	[sválʲam]
creëren (ww)	създам	[səzdám]
verwijderen (een bestand ~)	изтрия	[istríja]
verwijderd (bn)	изтрит	[istrít]

verbinding (de)	връзка (ж)	[vréska]
snelheid (de)	скорост (ж)	[skórost]
modem (de)	модем (м)	[modém]
toegang (de)	достъп (м)	[dóstəp]
poort (de)	порт (м)	[port]
aansluiting (de)	връзка (ж)	[vréska]

zich aansluiten (ww)	се свържа с ...	[se svérʒa s]
selecteren (ww)	избера	[izberá]
zoeken (ww)	търся	[tórsʲa]

Vervoer

141. Vliegtuig

vliegtuig (het)	самолет (м)	[samolét]
vliegticket (het)	самолетен билет (м)	[samoléten bilét]
luchtvaartmaatschappij (de)	авиокомпания (ж)	[aviokompánija]
luchthaven (de)	летище (с)	[letíʃte]
supersonisch (bn)	свръхзвуков	[svrəh·zvúkov]
gezagvoerder (de)	командир (м) на самолет	[komandír na samolét]
bemanning (de)	екипаж (м)	[ekipáʒ]
piloot (de)	пилот (м)	[pilót]
stewardess (de)	стюардеса (ж)	[stʲuardésa]
stuurman (de)	щурман (м)	[ʃtúrman]
vleugels (mv.)	крила (мн)	[krilá]
staart (de)	опашка (ж)	[opáʃka]
cabine (de)	кабина (ж)	[kabína]
motor (de)	двигател (м)	[dvigátel]
landingsgestel (het)	шаси (мн)	[ʃasí]
turbine (de)	турбина (ж)	[turbína]
propeller (de)	перка (ж)	[pérka]
zwarte doos (de)	черна кутия (ж)	[tʃérna kutíja]
stuur (het)	кормило (с)	[kormílo]
brandstof (de)	гориво (с)	[gorívo]
veiligheidskaart (de)	инструкция (ж)	[instrúktsija]
zuurstofmasker (het)	кислородна маска (ж)	[kisloródna máska]
uniform (het)	униформа (ж)	[unifórma]
reddingsvest (de)	спасителна жилетка (ж)	[spasítelna ʒilétka]
parachute (de)	парашут (м)	[paraʃút]
opstijgen (het)	излитане (с)	[izlítane]
opstijgen (ww)	излитам	[izlítam]
startbaan (de)	писта (ж) за излитане	[písta za izlítane]
zicht (het)	видимост (ж)	[vídimost]
vlucht (de)	полет (м)	[pólet]
hoogte (de)	височина (ж)	[visotʃiná]
luchtzak (de)	въздушна яма (ж)	[vəzdúʃna jáma]
plaats (de)	място (с)	[mʲásto]
koptelefoon (de)	слушалки (ж мн)	[sluʃálki]
tafeltje (het)	прибираща се масичка (ж)	[pribíraʃta se másitʃka]
venster (het)	илюминатор (м)	[ilʲuminátor]
gangpad (het)	проход (м)	[próhot]

142. Trein

trein (de)	влак (м)	[vlak]
elektrische trein (de)	електрически влак (м)	[elektrítʃeski vlak]
sneltrein (de)	бърз влак (м)	[bérz vlak]
diesellocomotief (de)	дизелов локомотив (м)	[dízelof lokomotíf]
stoomlocomotief (de)	парен локомотив (м)	[páren lokomotíf]
rijtuig (het)	вагон (м)	[vagón]
restauratierijtuig (het)	вагон-ресторант (м)	[vagón-restoránt]
rails (mv.)	релси (ж мн)	[rélsi]
spoorweg (de)	железница (ж)	[ʒeléznitsa]
dwarsligger (de)	траверса (ж)	[travérsa]
perron (het)	платформа (ж)	[platfórma]
spoor (het)	коловоз (м)	[kolovós]
semafoor (de)	семафор (м)	[semafór]
halte (bijv. kleine treinhalte)	гара (ж)	[gára]
machinist (de)	машинист (м)	[maʃiníst]
kruier (de)	носач (м)	[nosátʃ]
conducteur (de)	стюард (м)	[stʲuárt]
passagier (de)	пътник (м)	[pétnik]
controleur (de)	контрольор (м)	[kontrolʲór]
gang (in een trein)	коридор (м)	[koridór]
noodrem (de)	аварийна спирачка (ж)	[avaríjna spirátʃka]
coupé (de)	купе (с)	[kupé]
bed (slaapplaats)	легло (с)	[legló]
bovenste bed (het)	горно легло (с)	[górno legló]
onderste bed (het)	долно легло (с)	[dólno legló]
beddengoed (het)	спално бельо (с)	[spálno belʲó]
kaartje (het)	билет (м)	[bilét]
dienstregeling (de)	разписание (с)	[raspisánie]
informatiebord (het)	табло (с)	[tabló]
vertrekken (De trein vertrekt …)	заминавам	[zaminávam]
vertrek (ov. een trein)	заминаване (с)	[zaminávane]
aankomen (ov. de treinen)	пристигам	[pristígam]
aankomst (de)	пристигане (с)	[pristígane]
aankomen per trein	пристигна с влак	[pristígna s vlak]
in de trein stappen	качвам се във влак	[kátʃvam se vef vlak]
uit de trein stappen	слизам от влак	[slízam ot vlak]
treinwrak (het)	катастрофа (ж)	[katastrófa]
ontspoord zijn	дерайлирам	[derajlíram]
stoomlocomotief (de)	парен локомотив (м)	[páren lokomotíf]
stoker (de)	огняр (м)	[ognʲár]
stookplaats (de)	пещ (м) на локомотив	[peʃt na lokomotíf]
steenkool (de)	въглища (ж)	[végliʃta]

143. Schip

schip (het)	кораб (м)	[kórap]
vaartuig (het)	плавателен съд (м)	[plavátelen sət]
stoomboot (de)	параход (м)	[parahót]
motorschip (het)	моторен кораб (м)	[motóren kórap]
lijnschip (het)	рейсов кораб (м)	[réjsov kórap]
kruiser (de)	крайцер (м)	[krájtser]
jacht (het)	яхта (ж)	[jáhta]
sleepboot (de)	влекач (м)	[vlekátʃ]
duwbak (de)	шлеп (м)	[ʃlep]
ferryboot (de)	сал (м)	[sal]
zeilboot (de)	платноходка (ж)	[platnohótka]
brigantijn (de)	бригантина (ж)	[brigantína]
ijsbreker (de)	ледоразбивач (м)	[ledo·razbivátʃ]
duikboot (de)	подводница (ж)	[podvódnitsa]
boot (de)	лодка (ж)	[lótka]
sloep (de)	лодка (ж)	[lótka]
reddingssloep (de)	спасителна лодка (ж)	[spasítelna lótka]
motorboot (de)	катер (м)	[káter]
kapitein (de)	капитан (м)	[kapitán]
zeeman (de)	матрос (м)	[matrós]
matroos (de)	моряк (м)	[morʲák]
bemanning (de)	екипаж (м)	[ekipáʒ]
bootsman (de)	боцман (м)	[bótsman]
scheepsjongen (de)	юнга (м)	[júnga]
kok (de)	корабен готвач (м)	[kóraben gotvátʃ]
scheepsarts (de)	корабен лекар (м)	[kóraben lékar]
dek (het)	палуба (ж)	[páluba]
mast (de)	мачта (ж)	[mátʃta]
zeil (het)	корабно платно (с)	[kórabno platnó]
ruim (het)	трюм (м)	[trʲum]
voorsteven (de)	нос (м)	[nos]
achtersteven (de)	кърма (ж)	[kərmá]
roeispaan (de)	гребло (с)	[grebló]
schroef (de)	витло (с)	[vitló]
kajuit (de)	каюта (ж)	[kajúta]
officierskamer (de)	каюткомпания (ж)	[kajut kompánija]
machinekamer (de)	машинно отделение (с)	[maʃínno otdelénie]
brug (de)	капитански мостик (м)	[kapitánski móstik]
radiokamer (de)	радиобудка (ж)	[rádiobútka]
radiogolf (de)	вълна (ж)	[vəlná]
logboek (het)	корабен дневник (м)	[kóraben dnévnik]
verrekijker (de)	далекоглед (м)	[dalekoglét]
klok (de)	камбана (ж)	[kambána]

vlag (de)	знаме (c)	[známe]
kabel (de)	дебело въже (c)	[debélo vəʒé]
knoop (de)	възел (m)	[vázel]
leuning (de)	дръжка (ж)	[dréʃka]
trap (de)	трап (m)	[trap]
anker (het)	котва (ж)	[kótva]
het anker lichten	вдигна котва	[vdígna kótva]
het anker neerlaten	хвърля котва	[hvérlʲa kótva]
ankerketting (de)	котвена верига (ж)	[kótvena veríga]
haven (bijv. containerhaven)	пристанище (c)	[pristániʃte]
kaai (de)	кей (m)	[kej]
aanleggen (ww)	акостирам	[akostíram]
wegvaren (ww)	отплувам	[otplúvam]
reis (de)	пътешествие (c)	[pəteʃéstvie]
cruise (de)	морско пътешествие (c)	[mórsko pəteʃéstvie]
koers (de)	курс (m)	[kurs]
route (de)	маршрут (m)	[marʃrút]
vaarwater (het)	фарватер (m)	[farváter]
zandbank (de)	плитчина (ж)	[plittʃiná]
stranden (ww)	заседна на плитчина	[zasédna na plittʃiná]
storm (de)	буря (ж)	[búrʲa]
signaal (het)	сигнал (m)	[signál]
zinken (ov. een boot)	потъвам	[potévam]
SOS (noodsignaal)	SOS	[sos]
reddingsboei (de)	спасителен пояс (m)	[spasítilen pójas]

144. Vliegveld

luchthaven (de)	летище (c)	[letíʃte]
vliegtuig (het)	самолет (m)	[samolét]
luchtvaartmaatschappij (de)	авиокомпания (ж)	[aviokompánija]
luchtverkeersleider (de)	авиодиспечер (m)	[aviodispétʃer]
vertrek (het)	излитане (c)	[izlítane]
aankomst (de)	кацане (c)	[kátsane]
aankomen (per vliegtuig)	кацна	[kátsna]
vertrektijd (de)	време (c) на излитане	[vréme na izlítane]
aankomstuur (het)	време (c) на кацане	[vréme na kátsane]
vertraagd zijn (ww)	закъснявам	[zakəsnʲávam]
vluchtvertraging (de)	закъснение (c) на излитане	[zakəsnénie na izlítane]
informatiebord (het)	информационно табло (c)	[informatsiónno tabló]
informatie (de)	информация (ж)	[informátsija]
aankondigen (ww)	обявявам	[obʲavʲávam]
vlucht (bijv. KLM ~)	рейс (m)	[rejs]
douane (de)	митница (ж)	[mítnitsa]

douanier (de)	митничар (м)	[mitnitʃár]
douaneaangifte (de)	декларация (ж)	[deklarátsija]
invullen (douaneaangifte ~)	попълня	[popélnʲa]
een douaneaangifte invullen	попълня декларация	[popélnʲa deklarátsija]
paspoortcontrole (de)	паспортен контрол (м)	[paspórten kontról]

bagage (de)	багаж (м)	[bagáʃ]
handbagage (de)	ръчен багаж (м)	[rétʃen bagáʃ]
bagagekarretje (het)	количка (ж)	[kolítʃka]

landing (de)	кацане (с)	[kátsane]
landingsbaan (de)	писта (ж) за кацане	[písta za kátsane]
landen (ww)	кацам	[kátsam]
vliegtuigtrap (de)	стълба (ж)	[stélba]

inchecken (het)	регистрация (ж)	[registrátsija]
incheckbalie (de)	гише (с) за регистрация	[giʃé za registrátsija]
inchecken (ww)	регистрирам се	[registríram se]
instapkaart (de)	бордна карта (ж)	[bórdna kárta]
gate (de)	излизане (с)	[izlízane]

transit (de)	транзит (м)	[tranzít]
wachten (ww)	чакам	[tʃákam]
wachtzaal (de)	чакалня (ж)	[tʃakálnʲa]
begeleiden (uitwuiven)	изпращам	[ispráʃtam]
afscheid nemen (ww)	сбогувам се	[sbogúvam se]

145. Fiets. Motorfiets

fiets (de)	колело (с)	[koleló]
bromfiets (de)	моторолер (м)	[motoróler]
motorfiets (de)	мотоциклет (м)	[mototsiklét]

met de fiets rijden	карам колело	[káram koleló]
stuur (het)	волан (м)	[volán]
pedaal (de/het)	педал (м)	[pedál]
remmen (mv.)	спирачки (ж мн)	[spirátʃki]
fietszadel (de/het)	седло (с)	[sedló]

pomp (de)	помпа (ж)	[pómpa]
bagagedrager (de)	багажник (м)	[bagáʒnik]
fietslicht (het)	фенер (м)	[fenér]
helm (de)	шлем (м)	[ʃlem]

wiel (het)	колело (с)	[koleló]
spatbord (het)	калник (с)	[kálnik]
velg (de)	джанта (ж)	[dʒánta]
spaak (de)	спица (ж)	[spítsa]

Auto's

146. Soorten auto's

auto (de)	автомобил (м)	[aftomobíl]
sportauto (de)	спортен автомобил (м)	[spórten aftomobíl]
limousine (de)	лимузина (ж)	[limuzína]
terreinwagen (de)	джип (м)	[dʒip]
cabriolet (de)	кабриолет (м)	[kabriolét]
minibus (de)	микробус (м)	[mikrobús]
ambulance (de)	бърза помощ (ж)	[bérza pómoʃt]
sneeuwruimer (de)	снегорин (м)	[snegorín]
vrachtwagen (de)	камион (м)	[kamión]
tankwagen (de)	автоцистерна (ж)	[aftotsistérna]
bestelwagen (de)	фургон (м)	[furgón]
trekker (de)	влекач (м)	[vlekátʃ]
aanhangwagen (de)	ремарке (с)	[remarké]
comfortabel (bn)	комфортен	[komfórten]
tweedehands (bn)	употребяван	[upotrebʲávan]

147. Auto's. Carrosserie

motorkap (de)	капак (м)	[kapák]
spatbord (het)	калник (м)	[kálnik]
dak (het)	покрив (м)	[pókriv]
voorruit (de)	предно стъкло (с)	[prédno stəkló]
achterruit (de)	огледало (с) за задно виждане	[ogledálo za zádno vízdane]
ruitensproeier (de)	стъкломиячка (ж)	[stəklomijátʃka]
wisserbladen (mv.)	чистачки (ж мн)	[tʃistátʃki]
zijruit (de)	странично стъкло (с)	[stranítʃno stəkló]
raamlift (de)	стъклоповдигач (м)	[stəklo·povdigátʃ]
antenne (de)	антена (ж)	[anténa]
zonnedak (het)	шибидах (м)	[ʃibidáh]
bumper (de)	броня (ж)	[brónʲa]
koffer (de)	багажник (м)	[bagáʒnik]
imperiaal (de/het)	багажник (м) на покрива	[bagáʒnik na pókriva]
portier (het)	врата (ж)	[vratá]
handvat (het)	дръжка (ж)	[dréʃka]
slot (het)	ключалка (ж)	[klʲutʃálka]
nummerplaat (de)	номер (м)	[nómer]

knalpot (de)	гърне (с)	[gərné]
benzinetank (de)	резервоар (м) за бензин	[rezervoár za benzín]
uitlaatpijp (de)	ауспух (м)	[áuspuh]

gas (het)	газ (м)	[gas]
pedaal (de/het)	педал (м)	[pedál]
gaspedaal (de/het)	газ (м)	[gas]

rem (de)	спирачки (ж мн)	[spirátʃki]
rempedaal (de/het)	спирачка (ж)	[spirátʃka]
remmen (ww)	удрям спирачка	[údr!am spirátʃka]
handrem (de)	ръчна спирачка (ж)	[rétʃna spirátʃka]

koppeling (de)	съединител (м)	[səedinítel]
koppelingspedaal (de/het)	педал (м) на съединител	[pedál na səedinítel]
koppelingsschijf (de)	диск (м) на съединител	[disk na səedinítel]
schokdemper (de)	амортизатор (м)	[amortizátor]

wiel (het)	колело (с)	[koleló]
reservewiel (het)	резервна гума (ж)	[rezérvna gúma]
band (de)	гума (ж)	[gúma]
wieldop (de)	капак (м)	[kapák]

aandrijfwielen (mv.)	водещи колела (мн)	[vódeʃti kolelá]
met voorwielaandrijving	с предно задвижване	[s prédno zadvíʒvane]
met achterwielaandrijving	със задно задвижване	[səs zádno zadvíʒvane]
met vierwielaandrijving	с пълно задвижване	[s pélno zadvíʒvane]

versnellingsbak (de)	скоростна кутия (ж)	[skórostna kutíja]
automatisch (bn)	автоматичен	[aftomatítʃen]
mechanisch (bn)	механически	[mehanítʃeski]
versnellingspook (de)	лост (м) на скоростна кутия	[lost na skórostna kutíja]

| voorlicht (het) | фар (м) | [far] |
| voorlichten (mv.) | фарове (м мн) | [fárove] |

dimlicht (het)	къси светлини (ж мн)	[kési svetliní]
grootlicht (het)	дълги светлини (ж мн)	[délgi svetliní]
stoplicht (het)	сигнал (м) стоп	[signál stop]

standlichten (mv.)	габаритни светлини (ж мн)	[gabarítni svetliní]
noodverlichting (de)	аварийни светлини (ж мн)	[avaríjni svetliní]
mistlichten (mv.)	фарове (м мн) за мъгла	[fárove za məglá]
pinker (de)	мигач (м)	[migátʃ]
achteruitrijdlicht (het)	заден ход (м)	[záden hot]

148. Auto's. Passagiersruimte

interieur (het)	салон (м)	[salón]
leren (van leer gemaak)	кожен	[kóʒen]
fluwelen (abn)	велурен	[velúren]
bekleding (de)	тапицерия (ж)	[tapitsérija]
toestel (het)	уред (м)	[úret]

instrumentenbord (het)	бордово табло (c)	[bórdovo tabló]
snelheidsmeter (de)	скоростомер (м)	[skorostomér]
pijltje (het)	стрелка (ж)	[strelká]

kilometerteller (de)	километраж (м)	[kilometráʃ]
sensor (de)	датчик (м)	[dáttʃik]
niveau (het)	ниво (c)	[nivó]
controlelampje (het)	крушка (ж)	[krúʃka]

stuur (het)	волан (м)	[volán]
toeter (de)	сигнал (м)	[signál]
knopje (het)	бутон (м)	[butón]
schakelaar (de)	превключвател (м)	[prefklʲutʃvátel]

stoel (bestuurders~)	седалка (ж)	[sedálka]
rugleuning (de)	облегалка (ж)	[oblegálka]
hoofdsteun (de)	подглавник (м)	[podglávnik]
veiligheidsgordel (de)	предпазен колан (м)	[predpázen kolán]
de gordel aandoen	слагам колан	[slágam kolán]
regeling (de)	регулиране (c)	[regulírane]

airbag (de)	въздушна възглавница (ж)	[vəzdúʃna vəzglávnitsa]
airconditioner (de)	климатик (м)	[klimatík]

radio (de)	радио (c)	[rádio]
CD-speler (de)	CD плейър (м)	[sidí pléər]
aanzetten (bijv. radio ~)	включва	[fklʲútʃa]
antenne (de)	антена (ж)	[anténa]
handschoenenkastje (het)	жабка (ж)	[ʒábka]
asbak (de)	пепелник (м)	[pepelník]

149. Auto's. Motor

diesel- (abn)	дизелов	[dízelof]
benzine- (~motor)	бензинов	[benzínov]

motorinhoud (de)	обем (м) на двигателя	[obém na dvigátelʲa]
vermogen (het)	мощност (ж)	[móʃtnost]
paardenkracht (de)	конска сила (ж)	[kónska síla]
zuiger (de)	бутало (c)	[butálo]
cilinder (de)	цилиндър (м)	[tsilíndər]
klep (de)	клапа (ж)	[klápa]

injectie (de)	инжектор (м)	[inʒéktor]
generator (de)	генератор (м)	[generátor]
carburator (de)	карбуратор (м)	[karburátor]
motorolie (de)	моторно масло (c)	[motórno masló]

radiator (de)	радиатор (м)	[radiátor]
koelvloeistof (de)	охлаждаща течност (ж)	[ohláʒdaʃta tétʃnost]
ventilator (de)	вентилатор (м)	[ventilátor]

accu (de)	акумулатор (м)	[akumulátor]
starter (de)	стартер (м)	[stárter]

| contact (ontsteking) | запалване (с) | [zapálvane] |
| bougie (de) | запалителна свещ (ж) | [zapalítelna sveʃt] |

pool (de)	клема (ж)	[kléma]
positieve pool (de)	плюс (м)	[plʲus]
negatieve pool (de)	минус (м)	[mínus]
zekering (de)	предпазител (м)	[predpázitel]

luchtfilter (de)	въздушен филтър (м)	[vəzdúʃen fíltər]
oliefilter (de)	маслен филтър (м)	[máslen fíltər]
benzinefilter (de)	филтър (м) за гориво	[fíltər za gorívo]

150. Auto's. Botsing. Reparatie

auto-ongeval (het)	катастрофа (ж)	[katastrófa]
verkeersongeluk (het)	пътно-транспортно произшествие (с)	[pétno-transpórtno proisʃéstvie]
aanrijden (tegen een boom, enz.)	блъсна се в ...	[blésna se v]
verongelukken (ww)	катастрофирам	[katastrofíram]
beschadiging (de)	повреда (ж)	[povréda]
heelhuids (bn)	цял	[tsʲal]

pech (de)	счупване (с)	[stʃúpvane]
kapot gaan (zijn gebroken)	счупя се	[stʃúpʲa se]
sleeptouw (het)	автомобилно въже (с)	[aftomobílno vəʒé]

lek (het)	спукване (с)	[spúkvane]
lekke krijgen (band)	спусна	[spúsna]
oppompen (ww)	напомпвам	[napómpvam]
druk (de)	налягане (с)	[nalʲágane]
checken (ww)	проверя	[proverʲá]

reparatie (de)	ремонт (м)	[remónt]
garage (de)	автосервиз (м)	[aftoservís]
wisselstuk (het)	резервна част (ж)	[rezérvna tʃast]
onderdeel (het)	детайл (м)	[detájl]

bout (de)	болт (м)	[bolt]
schroef (de)	винт (м)	[vint]
moer (de)	гайка (ж)	[gájka]
sluitring (de)	шайба (ж)	[ʃájba]
kogellager (de/het)	лагер (м)	[láger]

pijp (de)	тръба (ж)	[trəbá]
pakking (de)	уплътнение (с)	[uplətnénie]
kabel (de)	кабел (м)	[kábel]

dommekracht (de)	крик (м)	[krik]
moersleutel (de)	гаечен ключ (м)	[gáetʃen klʲutʃ]
hamer (de)	чук (м)	[tʃuk]
pomp (de)	помпа (ж)	[pómpa]
schroevendraaier (de)	отвертка (ж)	[otvértka]
brandblusser (de)	пожарогасител (м)	[poʒarogasítel]

gevarendriehoek (de)	авариен триъгълник (м)	[avaríen triégəlnik]
afslaan	заглъхвам	[zagléhvam]
(ophouden te werken)		
uitvallen (het)	спиране (с)	[spírane]
zijn gebroken	счупен съм	[stʃúpen səm]

oververhitten (ww)	прегря се	[pregrʲá se]
verstopt raken (ww)	запуша се	[zapúʃa se]
bevriezen (autodeur, enz.)	замръзна	[zamrézna]
barsten (leidingen, enz.)	спука се	[spúka se]

druk (de)	налягане (с)	[nalʲágane]
niveau (bijv. olieniveau)	ниво (с)	[nivó]
slap (de drijfriem is ~)	слаб	[slap]

deuk (de)	вдлъбнатина (ж)	[vdləbnatiná]
geklop (vreemde geluiden)	тракане (с)	[trákane]
barst (de)	пукнатина (ж)	[puknatiná]
kras (de)	драскотина (ж)	[draskotína]

151. Auto's. Weg

weg (de)	път (м)	[pət]
snelweg (de)	автомагистрала (ж)	[aftomagistrála]
autoweg (de)	шосе (с)	[ʃosé]
richting (de)	посока (ж)	[posóka]
afstand (de)	разстояние (с)	[rastojánie]

brug (de)	мост (м)	[most]
parking (de)	паркинг (м)	[párking]
plein (het)	площад (м)	[ploʃtát]
verkeersknooppunt (het)	кръстовище (с)	[krəstóviʃte]
tunnel (de)	тунел (м)	[tunél]

benzinestation (het)	бензиностанция (ж)	[benzino·stántsija]
parking (de)	паркинг (м)	[párking]
benzinepomp (de)	колонка (ж)	[kolónka]
garage (de)	автосервиз (м)	[aftoservís]
tanken (ww)	заредя	[zaredʲá]
brandstof (de)	гориво (с)	[gorívo]
jerrycan (de)	туба (ж)	[túba]

asfalt (het)	асфалт (м)	[asfált]
markering (de)	маркировка (ж)	[markirófka]
trottoirband (de)	бордюр (м)	[bordʲúr]
geleiderail (de)	мантинела (ж)	[mantinéla]
greppel (de)	канавка (ж)	[kanáfka]
vluchtstrook (de)	банкет (м)	[bankét]
lichtmast (de)	стълб (м)	[stəlp]

besturen (een auto ~)	карам	[káram]
afslaan (naar rechts ~)	завивам	[zavívam]
U-bocht maken (ww)	обръщам се	[obréʃtam se]
achteruit (de)	заден ход (м)	[záden hot]

toeteren (ww)	сигнализирам	[signalizíram]
toeter (de)	звуков сигнал (м)	[zvúkof signál]
vastzitten (in modder)	заседна	[zasédna]
spinnen (wielen gaan ~)	буксувам	[buksúvam]
uitzetten (ww)	гася	[gasʲá]

snelheid (de)	скорост (ж)	[skórost]
een snelheidsovertreding maken	превиша скорост	[previʃá skórost]
bekeuren (ww)	глобявам	[globʲávam]
verkeerslicht (het)	светофар (м)	[svetofár]
rijbewijs (het)	шофьорска книжка (ж)	[ʃofʲórska kníʃka]

overgang (de)	прелез (м)	[prélez]
kruispunt (het)	кръстовище (с)	[krəstóviʃte]
zebrapad (oversteekplaats)	пешеходна пътека (ж)	[peʃehódna pətéka]
bocht (de)	завой (м)	[zavój]
voetgangerszone (de)	пешеходна зона (ж)	[peʃehódna zóna]

MENSEN. GEBEURTENISSEN IN HET LEVEN

Gebeurtenissen in het leven

152. Vakanties. Evenement

feest (het)	празник (м)	[práznik]
nationale feestdag (de)	национален празник (м)	[natsionálen práznik]
feestdag (de)	празничен ден (м)	[práznitʃen den]
herdenken (ww)	празнувам	[praznúvam]
gebeurtenis (de)	събитие (с)	[səbítie]
evenement (het)	мероприятие (с)	[meroprijátie]
banket (het)	банкет (м)	[bankét]
receptie (de)	прием (м)	[príem]
feestmaal (het)	пир (м)	[pir]
verjaardag (de)	годишнина (ж)	[godíʃnina]
jubileum (het)	юбилей (м)	[jubiléj]
vieren (ww)	отбележа	[otbeléʒa]
Nieuwjaar (het)	Нова година (ж)	[nóva godína]
Gelukkig Nieuwjaar!	Честита нова година!	[tʃestíta nóva godína]
Kerstfeest (het)	Коледа	[kóleda]
Vrolijk kerstfeest!	Весела Коледа!	[vésela kóleda]
vuurwerk (het)	заря (ж)	[zarʲá]
bruiloft (de)	сватба (ж)	[svátba]
bruidegom (de)	годеник (м)	[godeník]
bruid (de)	годеница (ж)	[godenítsa]
uitnodigen (ww)	каня	[kánʲa]
uitnodigingskaart (de)	покана (ж)	[pokána]
gast (de)	гост (м)	[gost]
op bezoek gaan	отивам на гости	[otívam na gósti]
gasten verwelkomen	посрещам гости	[posréʃtam gósti]
geschenk, cadeau (het)	подарък (м)	[podárək]
geven (iets cadeau ~)	подарявам	[podarʲávam]
geschenken ontvangen	получавам подаръци	[polutʃávam podárətsi]
boeket (het)	букет (м)	[bukét]
felicitaties (mv.)	поздравление (с)	[pozdravlénie]
feliciteren (ww)	поздравявам	[pozdravʲávam]
wenskaart (de)	поздравителна картичка (ж)	[pozdravítelna kártitʃka]

| een kaartje versturen | изпратя картичка | [isprát'a kártitʃka] |
| een kaartje ontvangen | получа картичка | [polútʃa kártitʃka] |

toast (de)	тост (м)	[tost]
aanbieden (een drankje ~)	черпя	[tʃérp'a]
champagne (de)	шампанско (с)	[ʃampánsko]

plezier hebben (ww)	веселя се	[vesel'á se]
plezier (het)	веселба (ж)	[veselbá]
vreugde (de)	радост (ж)	[rádost]

| dans (de) | танц (м) | [tants] |
| dansen (ww) | танцувам | [tantsúvam] |

| wals (de) | валс (м) | [vals] |
| tango (de) | танго (с) | [tangó] |

153. Begrafenissen. Begrafenis

kerkhof (het)	гробища (мн)	[gróbiʃta]
graf (het)	гроб (м)	[grop]
kruis (het)	кръст (м)	[krəst]
grafsteen (de)	надгробен паметник (м)	[nadgróben pámetnik]
omheining (de)	ограда (ж)	[ográda]
kapel (de)	параклис (м)	[paráklis]

dood (de)	смърт (ж)	[smərt]
sterven (ww)	умра	[umrá]
overledene (de)	покойник (м)	[pokójnik]
rouw (de)	траур (м)	[tráur]

begraven (ww)	погребвам	[pogrébvam]
begrafenisonderneming (de)	погребални услуги (мн)	[pogrebálni uslúgi]
begrafenis (de)	погребение (с)	[pogrebénie]

krans (de)	венец (м)	[venéts]
doodskist (de)	ковчег (м)	[koftʃék]
lijkwagen (de)	катафалка (ж)	[katafálka]
lijkkleed (de)	саван (м)	[saván]

begrafenisstoet (de)	погребално шествие (с)	[pogrebálno ʃéstvie]
urn (de)	урна (ж)	[úrna]
crematorium (het)	крематориум (м)	[kremató́rium]

overlijdensbericht (het)	некролог (м)	[nekrolók]
huilen (wenen)	плача	[plátʃa]
snikken (huilen)	ридая	[ridája]

154. Oorlog. Soldaten

| peloton (het) | взвод (м) | [vzvot] |
| compagnie (de) | рота (ж) | [róta] |

regiment (het)	полк (м)	[polk]
leger (armee)	армия (ж)	[ármija]
divisie (de)	дивизия (ж)	[divízija]
sectie (de)	отряд (м)	[otrʲát]
troep (de)	войска (ж)	[vojská]
soldaat (militair)	войник (м)	[vojník]
officier (de)	офицер (м)	[ofitsér]
soldaat (rang)	редник (м)	[rédnik]
sergeant (de)	сержант (м)	[serʒánt]
luitenant (de)	лейтенант (м)	[lejtenánt]
kapitein (de)	капитан (м)	[kapitán]
majoor (de)	майор (м)	[majór]
kolonel (de)	полковник (м)	[polkóvnik]
generaal (de)	генерал (м)	[generál]
matroos (de)	моряк (м)	[morʲák]
kapitein (de)	капитан (м)	[kapitán]
bootsman (de)	боцман (м)	[bótsman]
artillerist (de)	артилерист (м)	[artileríst]
valschermjager (de)	десантчик (м)	[desánttʃik]
piloot (de)	летец (м)	[letéts]
stuurman (de)	щурман (м)	[ʃtúrman]
mecanicien (de)	механик (м)	[mehánik]
sappeur (de)	сапьор (м)	[sapʲór]
parachutist (de)	парашутист (м)	[paraʃutíst]
verkenner (de)	разузнавач (м)	[razuznavátʃ]
scherpschutter (de)	снайперист (м)	[snajperíst]
patrouille (de)	патрул (м)	[patrúl]
patrouilleren (ww)	патрулирам	[patrulíram]
wacht (de)	часови (м)	[tʃasoví]
krijger (de)	войник (м)	[vojník]
patriot (de)	патриот (м)	[patriót]
held (de)	герой (м)	[gerój]
heldin (de)	героиня (ж)	[geroínʲa]
verrader (de)	предател (м)	[predátel]
verraden (ww)	предавам	[predávam]
deserteur (de)	дезертьор (м)	[dezertʲór]
deserteren (ww)	дезертирам	[dezertíram]
huurling (de)	наемник (м)	[naémnik]
rekruut (de)	новобранец (м)	[novobránets]
vrijwilliger (de)	доброволец (м)	[dobrovólets]
gedode (de)	убит (м)	[ubít]
gewonde (de)	ранен (м)	[ranén]
krijgsgevangene (de)	пленник (м)	[plénnik]

155. Oorlog. Militaire acties. Deel 1

oorlog (de)	война (ж)	[vojná]
oorlog voeren (ww)	воювам	[vojúvam]
burgeroorlog (de)	гражданска война (ж)	[gráӡdanska vojná]
achterbaks (bw)	вероломно	[verolómno]
oorlogsverklaring (de)	обявяване (с)	[obʲavʲávane]
verklaren (de oorlog ~)	обявя	[obʲavʲá]
agressie (de)	агресия (ж)	[agrésija]
aanvallen (binnenvallen)	нападам	[napádam]
binnenvallen (ww)	завземам	[zavzémam]
invaller (de)	окупатор (м)	[okupátor]
veroveraar (de)	завоевател (м)	[zavoevátel]
verdediging (de)	отбрана (ж)	[otbrána]
verdedigen (je land ~)	отбранявам	[otbranʲávam]
zich verdedigen (ww)	отбранявам се	[otbranʲávam se]
vijand (de)	враг (м)	[vrak]
tegenstander (de)	противник (м)	[protívnik]
vijandelijk (bn)	вражески	[vráӡeski]
strategie (de)	стратегия (ж)	[stratégija]
tactiek (de)	тактика (ж)	[táktika]
order (de)	заповед (ж)	[zápovet]
bevel (het)	команда (ж)	[kománda]
bevelen (ww)	заповядвам	[zapovʲádvam]
opdracht (de)	задача (ж)	[zadátʃa]
geheim (bn)	секретен	[sekréten]
veldslag (de)	сражение (с)	[sraӡénie]
strijd (de)	бой (м)	[boj]
aanval (de)	атака (ж)	[atáka]
bestorming (de)	щурм (м)	[ʃturm]
bestormen (ww)	щурмувам	[ʃturmúvam]
bezetting (de)	обсада (ж)	[obsáda]
aanval (de)	настъпление (с)	[nastəplénie]
in het offensief te gaan	настъпвам	[nastə́pvam]
terugtrekking (de)	отстъпление (с)	[otstəplénie]
zich terugtrekken (ww)	отстъпвам	[otstə́pvam]
omsingeling (de)	обкръжение (с)	[opkrəӡénie]
omsingelen (ww)	обкръжавам	[opkrəӡávam]
bombardement (het)	бомбардиране (с)	[bombardírane]
een bom gooien	хвърлям бомба	[hvérlʲam bómba]
bombarderen (ww)	бомбардирам	[bombardíram]
ontploffing (de)	експлозия (ж)	[eksplózija]
schot (het)	изстрел (м)	[ísstrel]

een schot lossen	изстрелям	[isstrél^jam]
schieten (het)	стрелба (ж)	[strelbá]

mikken op (ww)	целя се	[tsél^ja se]
aanleggen (een wapen ~)	насоча	[nasótʃa]
treffen (doelwit ~)	улуча	[ulútʃa]

zinken (tot zinken brengen)	потопя	[potop^já]
kogelgat (het)	дупка (ж)	[dúpka]
zinken (gezonken zijn)	потъвам	[potévam]

front (het)	фронт (м)	[front]
evacuatie (de)	евакуация (ж)	[evakuátsija]
evacueren (ww)	евакуирам	[evakuíram]

prikkeldraad (de)	бодлив тел (м)	[bodlív tel]
verdedigingsobstakel (het)	заграждение (с)	[zagraзdénie]
wachttoren (de)	кула (ж)	[kúla]

hospitaal (het)	военна болница (ж)	[voénna bólnitsa]
verwonden (ww)	раня	[ran^já]
wond (de)	рана (ж)	[rána]
gewonde (de)	ранен (м)	[ranén]
gewond raken (ww)	получа нараняване	[polútʃa naran^jávane]
ernstig (~e wond)	тежък	[téзək]

156. Wapens

wapens (mv.)	оръжие (с)	[oréзіe]
vuurwapens (mv.)	огнестрелно оръжие (с)	[ognestrélno oréзie]
koude wapens (mv.)	хладно оръжие (с)	[hládno oréзie]

chemische wapens (mv.)	химическо оръжие (с)	[himítʃesko oréзie]
kern-, nucleair (bn)	ядрен	[jádren]
kernwapens (mv.)	ядрено оръжие (с)	[jádreno oréзie]

bom (de)	бомба (ж)	[bómba]
atoombom (de)	атомна бомба (ж)	[átomna bómba]

pistool (het)	пистолет (м)	[pistolét]
geweer (het)	пушка (ж)	[púʃka]
machinepistool (het)	автомат (м)	[aftomát]
machinegeweer (het)	картечница (ж)	[kartétʃnitsa]

loop (schietbuis)	дуло (с)	[dúlo]
loop (bijv. geweer met kortere ~)	цев (м)	[tsev]
kaliber (het)	калибър (м)	[kalíbər]

trekker (de)	спусък (м)	[spúsək]
korrel (de)	мерник (м)	[mérnik]
magazijn (het)	магазин (м)	[magazín]
geweerkolf (de)	приклад (м)	[priklát]
granaat (handgranaat)	граната (ж)	[granáta]

explosieven (mv.)	експлозив (c)	[eksplozíf]
kogel (de)	куршум (м)	[kurʃúm]
patroon (de)	патрон (м)	[patrón]
lading (de)	заряд (м)	[zarʲát]
ammunitie (de)	боеприпаси (мн)	[boeprípasi]

bommenwerper (de)	бомбардировач (м)	[bombardirovátʃ]
straaljager (de)	изтребител (м)	[istrebítel]
helikopter (de)	хеликоптер (м)	[helikópter]

afweergeschut (het)	зенитно оръдие (c)	[zenítno orédie]
tank (de)	танк (м)	[tank]
kanon (tank met een ~ van 76 mm)	оръдие (c)	[orédie]

| artillerie (de) | артилерия (ж) | [artilérija] |
| aanleggen (een wapen ~) | насоча | [nasótʃa] |

projectiel (het)	снаряд (м)	[snarʲát]
mortiergranaat (de)	мина (ж)	[mína]
mortier (de)	миномет (м)	[minomét]
granaatscherf (de)	парче (c)	[partʃé]

duikboot (de)	подводница (ж)	[podvódnitsa]
torpedo (de)	торпедо (c)	[torpédo]
raket (de)	ракета (ж)	[rakéta]

laden (geweer, kanon)	зареждам	[zaréʒdam]
schieten (ww)	стрелям	[strélʲam]
richten op (mikken)	целя се в ...	[tsélʲa se v]
bajonet (de)	щик (м)	[ʃtik]

degen (de)	шпага (ж)	[ʃpága]
sabel (de)	сабя (ж)	[sábʲa]
speer (de)	копие (c)	[kópie]
boog (de)	лък (м)	[lək]
pijl (de)	стрела (ж)	[strelá]
musket (de)	мускет (м)	[muskét]
kruisboog (de)	арбалет (м)	[arbalét]

157. Oude mensen

primitief (bn)	първобитен	[pərvobíten]
voorhistorisch (bn)	доисторически	[doistorítʃeski]
eeuwenoude (~ beschaving)	древен	[dréven]

Steentijd (de)	Каменен век (м)	[kámenen vek]
Bronstijd (de)	бронзова епоха (ж)	[brónzova epóha]
IJstijd (de)	ледникова епоха (ж)	[lédnikova epóha]

stam (de)	племе (c)	[pléme]
menseneter (de)	човекоядец (м)	[tʃovekojádets]
jager (de)	ловец (м)	[lovéts]
jagen (ww)	ловувам	[lovúvam]

mammoet (de)	мамут (м)	[mamút]
grot (de)	пещера (ж)	[peʃterá]
vuur (het)	огън (м)	[ógən]
kampvuur (het)	клада (ж)	[kláda]
rotstekening (de)	скална рисунка (ж)	[skálna risúnka]

werkinstrument (het)	оръдие (с) на труда	[orédie na trudá]
speer (de)	копие (с)	[kópie]
stenen bijl (de)	каменна брадва (ж)	[kámenna brádva]
oorlog voeren (ww)	воювам	[vojúvam]
temmen (bijv. wolf ~)	опитомявам	[opitomʲávam]

idool (het)	идол (м)	[ídol]
aanbidden (ww)	покланям се	[poklánʲam se]
bijgeloof (het)	суеверие (с)	[suevérie]

evolutie (de)	еволюция (ж)	[evolʲútsija]
ontwikkeling (de)	развитие (с)	[razvítie]
verdwijning (de)	изчезване (с)	[iztʃézvane]
zich aanpassen (ww)	приспособявам се	[prisposobʲávam se]

archeologie (de)	археология (ж)	[arheológija]
archeoloog (de)	археолог (м)	[arheolók]
archeologisch (bn)	археологически	[arheologítʃeski]

opgravingsplaats (de)	разкопки (мн)	[raskópki]
opgravingen (mv.)	разкопки (мн)	[raskópki]
vondst (de)	находка (ж)	[nahótka]
fragment (het)	фрагмент (м)	[fragmént]

158. Middeleeuwen

volk (het)	народ (м)	[narót]
volkeren (mv.)	народи (м мн)	[naródi]
stam (de)	племе (с)	[pléme]
stammen (mv.)	племена (с мн)	[plemená]

barbaren (mv.)	варвари (м мн)	[várvari]
Galliërs (mv.)	гали (м мн)	[gáli]
Goten (mv.)	готи (м мн)	[góti]
Slaven (mv.)	славяни (м мн)	[slavʲáni]
Vikings (mv.)	викинги (м мн)	[víkingi]

Romeinen (mv.)	римляни (м мн)	[rímlʲani]
Romeins (bn)	римски	[rímski]

Byzantijnen (mv.)	византийци (м мн)	[vizantíjtsi]
Byzantium (het)	Византия (ж)	[vizántija]
Byzantijns (bn)	византийски	[vizantíjski]

keizer (bijv. Romeinse ~)	император (м)	[imperátor]
opperhoofd (het)	вожд (м)	[voʒt]
machtig (bn)	могъщ	[mogéʃt]
koning (de)	крал (м)	[kral]

heerser (de)	владетел (м)	[vladétel]
ridder (de)	рицар (м)	[rítsar]
feodaal (de)	феодал (м)	[feodál]
feodaal (bn)	феодален	[feodálen]
vazal (de)	васал (м)	[vasál]
hertog (de)	херцог (м)	[hertsók]
graaf (de)	граф (м)	[graf]
baron (de)	барон (м)	[barón]
bisschop (de)	епископ (м)	[episkóp]

harnas (het)	доспехи (мн)	[dospéhi]
schild (het)	щит (м)	[ʃtit]
zwaard (het)	меч (м)	[meʧ]
vizier (het)	забрало (с)	[zabrálo]
maliënkolder (de)	ризница (ж)	[ríznitsa]

kruistocht (de)	кръстоносен поход (м)	[krəstonósen póhot]
kruisvaarder (de)	кръстоносец (м)	[krəstonósets]

gebied (bijv. bezette ~en)	територия (ж)	[teritórija]
aanvallen (binnenvallen)	нападам	[napádam]
veroveren (ww)	завоювам	[zavojúvam]
innemen (binnenvallen)	завзема	[zavzéma]
bezetting (de)	обсада (ж)	[obsáda]
belegerd (bn)	обсаден	[opsadén]
belegeren (ww)	обсаждам	[opsáʒdam]

inquisitie (de)	инквизиция (ж)	[inkvizítsija]
inquisiteur (de)	инквизитор (м)	[inkvizítor]
foltering (de)	измъчване (с)	[izmétʃvane]
wreed (bn)	жесток	[ʒestók]
ketter (de)	еретик (м)	[eretík]
ketterij (de)	ерес (ж)	[éres]

zeevaart (de)	мореплаване (с)	[moreplávane]
piraat (de)	пират (м)	[pirát]
piraterij (de)	пиратство (с)	[pirátstvo]
enteren (het)	абордаж (м)	[abordáʒ]
buit (de)	плячка (ж)	[plʲátʃka]
schatten (mv.)	съкровища (с мн)	[səkróviʃta]

ontdekking (de)	откритие (с)	[otkrítie]
ontdekken (bijv. nieuw land)	откривам	[otkrívam]
expeditie (de)	експедиция (ж)	[ekspedítsija]

musketier (de)	мускетар (м)	[musketár]
kardinaal (de)	кардинал (м)	[kardinál]
heraldiek (de)	хералдика (ж)	[heráldika]
heraldisch (bn)	хералдически	[heraldítʃeski]

159. Leider. Baas. Autoriteiten

koning (de)	крал (м)	[kral]
koningin (de)	кралица (ж)	[kralítsa]

| koninklijk (bn) | кралски | [králski] |
| koninkrijk (het) | кралство (c) | [králstvo] |

| prins (de) | принц (м) | [prints] |
| prinses (de) | принцеса (ж) | [printsésa] |

president (de)	президент (м)	[prezidént]
vicepresident (de)	вицепрезидент (м)	[vítse·prezidént]
senator (de)	сенатор (м)	[senátor]

monarch (de)	монарх (м)	[monárh]
heerser (de)	владетел (м)	[vladétel]
dictator (de)	диктатор (м)	[diktátor]
tiran (de)	тиранин (м)	[tiránin]
magnaat (de)	магнат (м)	[magnát]

directeur (de)	директор (м)	[diréktor]
chef (de)	шеф (м)	[ʃef]
beheerder (de)	управител (м)	[uprávitel]
baas (de)	бос (м)	[bos]
eigenaar (de)	собственик (м)	[sóbstvenik]

hoofd	глава (ж)	[glavá]
(bijv. ~ van de delegatie)		
autoriteiten (mv.)	власти (ж мн)	[vlásti]
superieuren (mv.)	началство (c)	[natʃálstvo]

gouverneur (de)	губернатор (м)	[gubernátor]
consul (de)	консул (м)	[kónsul]
diplomaat (de)	дипломат (м)	[diplomát]
burgemeester (de)	кмет (м)	[kmet]
sheriff (de)	шериф (м)	[ʃeríf]

keizer (bijv. Romeinse ~)	император (м)	[imperátor]
tsaar (de)	цар (м)	[tsar]
farao (de)	фараон (м)	[faraón]
kan (de)	хан (м)	[han]

160. De wet overtreden. Criminelen. Deel 1

bandiet (de)	бандит (м)	[bandít]
misdaad (de)	престъпление (c)	[prestəplénie]
misdadiger (de)	престъпник (м)	[prestəpnik]

dief (de)	крадец (м)	[kradéts]
stelen (ww)	крада	[kradá]
stelen, diefstal (de)	кражба (ж)	[kráʒba]

kidnappen (ww)	отвлека	[otvleká]
kidnapping (de)	отвличане (c)	[otvlítʃane]
kidnapper (de)	похитител (м)	[pohitítel]

| losgeld (het) | откуп (м) | [ótkup] |
| eisen losgeld (ww) | искам откуп | [ískam ótkup] |

| overvallen (ww) | грабя | [grábʲa] |
| overvaller (de) | грабител (м) | [grabítel] |

afpersen (ww)	изнудвам	[iznúdvam]
afperser (de)	изнудвач (м)	[iznudvátʃ]
afpersing (de)	изнудване (с)	[iznúdvane]

vermoorden (ww)	убия	[ubíja]
moord (de)	убийство (с)	[ubíjstvo]
moordenaar (de)	убиец (м)	[ubíets]

schot (het)	изстрел (м)	[ísstrel]
een schot lossen	изстрелям	[isstrélʲam]
neerschieten (ww)	застрелям	[zastrélʲam]
schieten (ww)	стрелям	[strélʲam]
schieten (het)	стрелба (ж)	[strelbá]

ongeluk (gevecht, enz.)	произшествие (с)	[proisʃéstvie]
gevecht (het)	сбиване (с)	[zbívane]
Help!	Помогнете!	[pomognéte]
slachtoffer (het)	жертва (ж)	[ʒértva]

| beschadigen (ww) | повредя | [povredʲá] |
| schade (de) | щета (ж) | [ʃtetá] |

| lijk (het) | труп (м) | [trup] |
| zwaar (~ misdrijf) | тежък | [téʒək] |

aanvallen (ww)	нападна	[napádna]
slaan (iemand ~)	бия	[bíja]
in elkaar slaan (toetakelen)	набия	[nabíja]
ontnemen (beroven)	отнема	[otnéma]
steken (met een mes)	заколя	[zakólʲa]

| verminken (ww) | осакатя | [osakatʲá] |
| verwonden (ww) | раня | [ranʲá] |

chantage (de)	шантаж (м)	[ʃantáʒ]
chanteren (ww)	шантажирам	[ʃantaʒíram]
chanteur (de)	шантажист (м)	[ʃantaʒíst]

| afpersing (de) | рекет (м) | [réket] |
| afperser (de) | рекетьор (м) | [reketʲór] |

| gangster (de) | гангстер (м) | [gángster] |
| maffia (de) | мафия (ж) | [máfija] |

| kruimeldief (de) | джебчия (м) | [dʒebtʃíja] |
| inbreker (de) | разбивач (м) на врати | [razbivátʃ na vratí] |

| smokkelen (het) | контрабанда (ж) | [kontrabánda] |
| smokkelaar (de) | контрабандист (м) | [kontrabandíst] |

namaak (de)	фалшификат (м)	[falʃifikát]
namaken (ww)	фалшифицирам	[falʃifitsíram]
namaak-, vals (bn)	фалшив	[falʃív]

161. De wet overtreden. Criminelen. Deel 2

verkrachting (de)	изнасилване (с)	[iznasílvane]
verkrachten (ww)	изнасиля	[iznasíl'a]
verkrachter (de)	насилник (м)	[nasílnik]
maniak (de)	маниак (м)	[maniák]
prostituee (de)	проститутка (ж)	[prostitútka]
prostitutie (de)	проституция (ж)	[prostitútsija]
pooier (de)	сутеньор (м)	[suten'ór]
drugsverslaafde (de)	наркоман (м)	[narkomán]
drugshandelaar (de)	наркотрафикант (м)	[narkotrafikánt]
opblazen (ww)	взривя	[vzriv'á]
explosie (de)	експлозия (ж)	[eksplózija]
in brand steken (ww)	подпаля	[podpál'a]
brandstichter (de)	подпалвач (м)	[podpalvátʃ]
terrorisme (het)	тероризъм (м)	[terorízəm]
terrorist (de)	терорист (м)	[teroríst]
gijzelaar (de)	заложник (м)	[zalóʒnik]
bedriegen (ww)	измамя	[izmám'a]
bedrog (het)	измама (ж)	[izmáma]
oplichter (de)	мошеник (м)	[moʃénik]
omkopen (ww)	подкупя	[podkúp'a]
omkoperij (de)	подкуп (м)	[pótkup]
smeergeld (het)	рушвет (м)	[ruʃvét]
vergif (het)	отрова (ж)	[otróva]
vergiftigen (ww)	отровя	[otróv'a]
vergif innemen (ww)	отровя се	[otróv'a se]
zelfmoord (de)	самоубийство (с)	[samoubíjstvo]
zelfmoordenaar (de)	самоубиец (м)	[samoubíets]
bedreigen	заплашвам	[zapláʃvam]
(bijv. met een pistool)		
bedreiging (de)	заплаха (ж)	[zapláha]
een aanslag plegen	покушавам се	[pokuʃávam se]
aanslag (de)	покушение (с)	[pokuʃénie]
stelen (een auto)	открадна	[otkrádna]
kapen (een vliegtuig)	отвлека	[otvleká]
wraak (de)	отмъщение (с)	[otməʃténie]
wreken (ww)	отмъщавам	[otməʃtávam]
martelen (gevangenen)	изтезавам	[istezávam]
foltering (de)	измъчване (с)	[izmétʃvane]
folteren (ww)	измъчвам	[izmétʃvam]
piraat (de)	пират (м)	[pirát]
straatschender (de)	хулиган (м)	[huligán]

gewapend (bn)	въоръжен	[vəorəʒén]
geweld (het)	насилие (с)	[nasílie]
onwettig (strafbaar)	незаконен	[nezakónen]

| spionage (de) | шпионаж (м) | [ʃpionáʒ] |
| spioneren (ww) | шпионирам | [ʃpioníram] |

162. Politie. Wet. Deel 1

| justitie (de) | правосъдие (с) | [pravosédie] |
| gerechtshof (het) | съд (м) | [sət] |

rechter (de)	съдия (м)	[sədijá]
jury (de)	съдебни заседатели (м мн)	[sədébni zasedáteli]
juryrechtspraak (de)	съд (м) със съдебни заседатели	[sət səs sədébni zasedáteli]
berechten (ww)	съдя	[sédʲa]

advocaat (de)	адвокат (м)	[advokát]
beklaagde (de)	подсъдим (м)	[potsədím]
beklaagdenbank (de)	подсъдима скамейка (ж)	[potsədíma skaméjka]

| beschuldiging (de) | обвинение (с) | [obvinénie] |
| beschuldigde (de) | обвиняем (м) | [obvinʲáem] |

| vonnis (het) | присъда (ж) | [priséda] |
| veroordelen (in een rechtszaak) | осъдя | [oséдʲa] |

schuldige (de)	виновник (м)	[vinóvnik]
straffen (ww)	накажа	[nakáʒa]
bestraffing (de)	наказание (с)	[nakazánie]

boete (de)	глоба (ж)	[glóba]
levenslange opsluiting (de)	доживотен затвор (м)	[doʒivóten zatvór]
doodstraf (de)	смъртно наказание (с)	[smɛ́rtno nakazánie]
elektrische stoel (de)	електрически стол (м)	[elektrítʃeski stol]
schavot (het)	бесилка (ж)	[besílka]

| executeren (ww) | екзекутирам | [ekzekutíram] |
| executie (de) | екзекуция (ж) | [ekzekútsija] |

| gevangenis (de) | затвор (м) | [zatvór] |
| cel (de) | килия (ж) | [kilíja] |

konvooi (het)	караул (м)	[karaúl]
gevangenisbewaker (de)	надзирател (м)	[nadzirátel]
gedetineerde (de)	затворник (м)	[zatvórnik]

| handboeien (mv.) | белезници (мн) | [beleznítsi] |
| handboeien omdoen | сложа белезници | [slóʒa beleznítsi] |

| ontsnapping (de) | бягство (с) | [bʲákstvo] |
| ontsnappen (ww) | избягам | [izbʲágam] |

verdwijnen (ww)	изчезна	[iztʃézna]
vrijlaten (uit de gevangenis)	освободя	[osvobodʲá]
amnestie (de)	амнистия (ж)	[amnístija]

politie (de)	полиция (ж)	[polítsija]
politieagent (de)	полицай (м)	[politsáj]
politiebureau (het)	полицейско управление (с)	[politséjsko upravlénie]
knuppel (de)	палка (ж)	[pálka]
megafoon (de)	рупор (м)	[rúpor]

patrouilleerwagen (de)	патрулка (ж)	[patrúlka]
sirene (de)	сирена (ж)	[siréna]
de sirene aansteken	включа сирена	[fklʲútʃa siréna]
geloei (het) van de sirene	звук (м) на сирена	[zvuk na siréna]

plaats delict (de)	място (с) на произшествието	[mʲásto na proisʃéstvieto]
getuige (de)	свидетел (м)	[svidétel]
vrijheid (de)	свобода (ж)	[svobodá]
handlanger (de)	съучастник (м)	[səutʃásnik]
ontvluchten (ww)	скрия се	[skríja sé]
spoor (het)	следа (ж)	[sledá]

163. Politie. Wet. Deel 2

opsporing (de)	издирване (с)	[izdírvane]
opsporen (ww)	издирвам	[izdírvam]
verdenking (de)	подозрение (с)	[podozrénie]
verdacht (bn)	подозрителен	[podozrítelen]
aanhouden (stoppen)	спра	[spra]
tegenhouden (ww)	задържа	[zadərʒá]

strafzaak (de)	дело (с)	[délo]
onderzoek (het)	следствие (с)	[slétstvie]
detective (de)	детектив (м)	[detektíf]
onderzoeksrechter (de)	следовател (м)	[sledovátel]
versie (de)	версия (ж)	[vérsija]

motief (het)	мотив (м)	[motív]
verhoor (het)	разпит (м)	[ráspit]
ondervragen (door de politie)	разпитвам	[raspítvam]
ondervragen (omstanders ~)	разпитвам	[raspítvam]
controle (de)	проверка (ж)	[provérka]

razzia (de)	хайка (ж)	[hájka]
huiszoeking (de)	обиск (м)	[óbisk]
achtervolging (de)	преследване (с)	[preslédvane]
achtervolgen (ww)	преследвам	[preslédvam]
opsporen (ww)	следя	[sledʲá]
arrest (het)	арест (м)	[árest]
arresteren (ww)	арестувам	[arestúvam]
vangen, aanhouden (een dief, enz.)	заловя	[zalovʲá]

aanhouding (de)	залавяне (c)	[zaláv·ane]
document (het)	документ (м)	[dokumént]
bewijs (het)	доказателство (c)	[dokazátelstvo]
bewijzen (ww)	доказвам	[dokázvam]
voetspoor (het)	следа (ж)	[sledá]
vingerafdrukken (mv.)	отпечатъци (м мн) на пръстите	[otpetʃátətsi na préstite]
bewijs (het)	улика (ж)	[úlika]
alibi (het)	алиби (c)	[alíbi]
onschuldig (bn)	невиновен	[nevinóven]
onrecht (het)	несправедливост (ж)	[nespravedlívost]
onrechtvaardig (bn)	несправедлив	[nespravedlív]
crimineel (bn)	криминален	[kriminálen]
confisqueren (in beslag nemen)	конфискувам	[konfiskúvam]
drug (de)	наркотик (м)	[narkotík]
wapen (het)	оръжие (c)	[oréʒie]
ontwapenen (ww)	обезоръжа	[obezoreʒá]
bevelen (ww)	заповядвам	[zapov·ádvam]
verdwijnen (ww)	изчезна	[iztʃézna]
wet (de)	закон (м)	[zakón]
wettelijk (bn)	законен	[zakónen]
onwettelijk (bn)	незаконен	[nezakónen]
verantwoordelijkheid (de)	отговорност (ж)	[otgovórnost]
verantwoordelijk (bn)	отговорен	[otgovóren]

NATUUR

De Aarde. Deel 1

164. De kosmische ruimte

kosmos (de)	космос (м)	[kósmos]
kosmisch (bn)	космически	[kosmítʃeski]
kosmische ruimte (de)	космическо пространство (с)	[kosmítʃesko prostránstvo]
wereld (de)	свят (м)	[svʲat]
heelal (het)	вселена (ж)	[fseléna]
sterrenstelsel (het)	галактика (ж)	[galáktika]
ster (de)	звезда (ж)	[zvezdá]
sterrenbeeld (het)	съзвездие (с)	[sazvézdie]
planeet (de)	планета (ж)	[planéta]
satelliet (de)	спътник (м)	[spétnik]
meteoriet (de)	метеорит (м)	[meteorít]
komeet (de)	комета (ж)	[kométa]
asteroïde (de)	астероид (м)	[asteroít]
baan (de)	орбита (ж)	[órbita]
draaien (om de zon, enz.)	въртя се	[vərtʲá se]
atmosfeer (de)	атмосфера (ж)	[atmosféra]
Zon (de)	Слънце	[sléntse]
zonnestelsel (het)	Слънчева система (ж)	[sléntʃeva sistéma]
zonsverduistering (de)	слънчево затъмнение (с)	[sléntʃevo zatəmnénie]
Aarde (de)	Земя	[zemʲá]
Maan (de)	Луна	[luná]
Mars (de)	Марс	[mars]
Venus (de)	Венера	[venéra]
Jupiter (de)	Юпитер	[júpiter]
Saturnus (de)	Сатурн	[satúrn]
Mercurius (de)	Меркурий	[merkúrij]
Uranus (de)	Уран	[urán]
Neptunus (de)	Нептун	[neptún]
Pluto (de)	Плутон	[plutón]
Melkweg (de)	Млечен Път	[mlétʃen pət]
Grote Beer (de)	Голяма Мечка	[golʲáma métʃka]
Poolster (de)	Полярна Звезда	[polʲárna zvezdá]
marsmannetje (het)	марсианец (м)	[marsiánets]

buitenaards wezen (het)	извънземен (м)	[izvənzémen]
bovenaards (het)	пришелец (м)	[priʃeléts]
vliegende schotel (de)	летяща чиния (ж)	[letʲáʃta ʧiníja]
ruimtevaartuig (het)	космически кораб (м)	[kosmíʧeski kórap]
ruimtestation (het)	орбитална станция (ж)	[orbitálna stántsija]
start (de)	старт (м)	[start]
motor (de)	двигател (м)	[dvigátel]
straalpijp (de)	дюза (ж)	[dʲúza]
brandstof (de)	гориво (с)	[gorívo]
cabine (de)	кабина (ж)	[kabína]
antenne (de)	антена (ж)	[anténa]
patrijspoort (de)	илюминатор (м)	[ilʲuminátor]
zonnebatterij (de)	слънчева батерия (ж)	[slénʧeva batérija]
ruimtepak (het)	скафандър (м)	[skafándər]
gewichtloosheid (de)	безтегловност (ж)	[besteglóvnost]
zuurstof (de)	кислород (м)	[kislorót]
koppeling (de)	свързване (с)	[svérzvane]
koppeling maken	свързвам се	[svérzvam se]
observatorium (het)	обсерватория (ж)	[opservatórija]
telescoop (de)	телескоп (м)	[teleskóp]
waarnemen (ww)	наблюдавам	[nablʲudávam]
exploreren (ww)	изследвам	[isslédvam]

165. De Aarde

Aarde (de)	Земя (ж)	[zemʲá]
aardbol (de)	земно кълбо (с)	[zémno kəlbó]
planeet (de)	планета (ж)	[planéta]
atmosfeer (de)	атмосфера (ж)	[atmosféra]
aardrijkskunde (de)	география (ж)	[geográfija]
natuur (de)	природа (ж)	[priróda]
wereldbol (de)	глобус (м)	[glóbus]
kaart (de)	карта (ж)	[kárta]
atlas (de)	атлас (м)	[atlás]
Europa (het)	Европа	[evrópa]
Azië (het)	Азия	[ázija]
Afrika (het)	Африка	[áfrika]
Australië (het)	Австралия	[afstrálija]
Amerika (het)	Америка	[amérika]
Noord-Amerika (het)	Северна Америка	[séverna amérika]
Zuid-Amerika (het)	Южна Америка	[júʒna amérika]
Antarctica (het)	Антарктида	[antarktída]
Arctis (de)	Арктика	[árktika]

166. Windrichtingen

noorden (het)	север (м)	[séver]
naar het noorden	на север	[na séver]
in het noorden	на север	[na séver]
noordelijk (bn)	северен	[séveren]
zuiden (het)	юг (м)	[juk]
naar het zuiden	на юг	[na juk]
in het zuiden	на юг	[na juk]
zuidelijk (bn)	южен	[júʒen]
westen (het)	запад (м)	[zápat]
naar het westen	на запад	[na zápat]
in het westen	на запад	[na zápat]
westelijk (bn)	западен	[západen]
oosten (het)	изток (м)	[ístok]
naar het oosten	на изток	[na ístok]
in het oosten	на изток	[na ístok]
oostelijk (bn)	източен	[ístotʃen]

167. Zee. Oceaan

zee (de)	море (с)	[moré]
oceaan (de)	океан (м)	[okeán]
golf (baai)	залив (м)	[zálif]
straat (de)	пролив (м)	[próliv]
continent (het)	материк (м)	[materík]
eiland (het)	остров (м)	[óstrov]
schiereiland (het)	полуостров (м)	[poluóstrov]
archipel (de)	архипелаг (м)	[arhipelák]
baai, bocht (de)	залив (м)	[zálif]
haven (de)	залив (м)	[zálif]
lagune (de)	лагуна (ж)	[lagúna]
kaap (de)	нос (м)	[nos]
atol (de)	атол (м)	[atól]
rif (het)	риф (м)	[rif]
koraal (het)	корал (м)	[korál]
koraalrif (het)	коралов риф (м)	[korálov rif]
diep (bn)	дълбок	[dəlbók]
diepte (de)	дълбочина (ж)	[dəlbotʃiná]
diepzee (de)	бездна (ж)	[bézna]
trog (bijv. Marianentrog)	падина (ж)	[padiná]
stroming (de)	течение (с)	[tetʃénie]
omspoelen (ww)	мия	[míja]
oever (de)	бряг (м)	[brʲak]
kust (de)	крайбрежие (с)	[krajbréʒie]

vloed (de)	прилив (м)	[príliv]
eb (de)	отлив (м)	[ótliv]
ondiepte (ondiep water)	плитчина (ж)	[plittʃiná]
bodem (de)	дъно (с)	[déno]

golf (hoge ~)	вълна (ж)	[vəlná]
golfkam (de)	гребен (м) на вълна	[grében na vəlná]
schuim (het)	пяна (ж)	[pʲána]

orkaan (de)	ураган (м)	[uragán]
tsunami (de)	цунами (с)	[tsunámi]
windstilte (de)	безветрие (с)	[bezvétrie]
kalm (bijv. ~e zee)	спокоен	[spokóen]

| pool (de) | полюс (м) | [pólʲus] |
| polair (bn) | полярен | [polʲáren] |

breedtegraad (de)	ширина (ж)	[ʃiriná]
lengtegraad (de)	дължина (ж)	[dəʒiná]
parallel (de)	паралел (ж)	[paralél]
evenaar (de)	екватор (м)	[ekvátor]

hemel (de)	небе (с)	[nebé]
horizon (de)	хоризонт (м)	[horizónt]
lucht (de)	въздух (м)	[vézduh]

vuurtoren (de)	фар (м)	[far]
duiken (ww)	гмуркам се	[gmúrkam se]
zinken (ov. een boot)	потъна	[poténa]
schatten (mv.)	съкровища (с мн)	[səkróviʃta]

168. Bergen

berg (de)	планина (ж)	[planiná]
bergketen (de)	планинска верига (ж)	[planínska veríga]
gebergte (het)	планински хребет (м)	[planínski hrebét]

bergtop (de)	връх (м)	[vrəh]
bergpiek (de)	пик (м)	[pik]
voet (ov. de berg)	подножие (с)	[podnóʒie]
helling (de)	склон (м)	[sklon]

vulkaan (de)	вулкан (м)	[vulkán]
actieve vulkaan (de)	действащ вулкан (м)	[déjstvaʃt vulkán]
uitgedoofde vulkaan (de)	изгаснал вулкан (м)	[izgásnal vulkán]

uitbarsting (de)	изригване (с)	[izrígvane]
krater (de)	кратер (м)	[kráter]
magma (het)	магма (ж)	[mágma]
lava (de)	лава (ж)	[láva]
gloeiend (~e lava)	нажежен	[naʒeʒén]

| kloof (canyon) | каньон (м) | [kanjón] |
| bergkloof (de) | дефиле (с) | [defilé] |

spleet (de)	тясна клисура (ж)	[tʲásna klisúra]
afgrond (de)	пропаст (ж)	[própast]
bergpas (de)	превал (м)	[prevál]
plateau (het)	плато (с)	[pláto]
klip (de)	скала (ж)	[skalá]
heuvel (de)	хълм (м)	[həlm]
gletsjer (de)	ледник (м)	[lédnik]
waterval (de)	водопад (м)	[vodopát]
geiser (de)	гейзер (м)	[géjzer]
meer (het)	езеро (с)	[ézero]
vlakte (de)	равнина (ж)	[ravniná]
landschap (het)	пейзаж (м)	[pejzáʒ]
echo (de)	ехо (с)	[ého]
alpinist (de)	алпинист (м)	[alpiníst]
bergbeklimmer (de)	катерач (м)	[katerátʃ]
trotseren (berg ~)	покорявам	[pokorʲávam]
beklimming (de)	възкачване (с)	[vəskátʃvane]

169. Rivieren

rivier (de)	река (ж)	[reká]
bron (~ van een rivier)	извор (м)	[ízvor]
rivierbedding (de)	корито (с)	[koríto]
rivierbekken (het)	басейн (м)	[baséjn]
uitmonden in ...	вливам се	[vlívam se]
zijrivier (de)	приток (м)	[prítok]
oever (de)	бряг (м)	[brʲak]
stroming (de)	течение (с)	[tetʃénie]
stroomafwaarts (bw)	надолу по течението	[nadólu po tetʃénieto]
stroomopwaarts (bw)	нагоре по течението	[nagóre po tetʃénieto]
overstroming (de)	наводнение (с)	[navodnénie]
overstroming (de)	пролетно пълноводие (с)	[prolétno pəlnovódie]
buiten zijn oevers treden	разливам се	[razlívam se]
overstromen (ww)	потопявам	[potopʲávam]
zandbank (de)	плитчина (ж)	[plittʃiná]
stroomversnelling (de)	праг (м)	[prak]
dam (de)	яз (м)	[jaz]
kanaal (het)	канал (м)	[kanál]
spaarbekken (het)	водохранилище (с)	[vodohranílişte]
sluis (de)	шлюз (м)	[ʃlʲuz]
waterlichaam (het)	водоем (м)	[vodoém]
moeras (het)	блато (с)	[bláto]
broek (het)	тресавище (с)	[tresáviʃte]
draaikolk (de)	водовъртеж (м)	[vodovərtéʒ]

stroom (de)	ручей (м)	[rútʃej]
drink- (abn)	питеен	[pitéen]
zoet (~ water)	сладководен	[slatkovóden]

| ijs (het) | лед (м) | [let] |
| bevriezen (rivier, enz.) | замръзна | [zamrézna] |

170. Bos

| bos (het) | гора (ж) | [gorá] |
| bos- (abn) | горски | [górski] |

oerwoud (dicht bos)	гъсталак (м)	[gəstalák]
bosje (klein bos)	горичка (ж)	[gorítʃka]
open plek (de)	поляна (ж)	[polʲána]

| struikgewas (het) | гъсталак (м) | [gəstalák] |
| struiken (mv.) | храсталак (м) | [hrastalák] |

| paadje (het) | пътечка (ж) | [pətétʃka] |
| ravijn (het) | овраг (м) | [ovrák] |

boom (de)	дърво (с)	[dərvó]
blad (het)	лист (м)	[list]
gebladerte (het)	шума (ж)	[ʃúma]

vallende bladeren (mv.)	листопад (м)	[listopát]
vallen (ov. de bladeren)	опадвам	[opádvam]
boomtop (de)	връх (м)	[vrəh]

tak (de)	клонка (м)	[klónka]
ent (de)	дебел клон (м)	[debél klon]
knop (de)	пъпка (ж)	[pépka]
naald (de)	игла (ж)	[iglá]
dennenappel (de)	шишарка (ж)	[ʃíʃárka]

boom holte (de)	хралупа (ж)	[hralúpa]
nest (het)	гнездо (с)	[gnezdó]
hol (het)	дупка (ж)	[dúpka]

stam (de)	стъбло (с)	[stəbló]
wortel (bijv. boom~s)	корен (м)	[kóren]
schors (de)	кора (ж)	[korá]
mos (het)	мъх (м)	[məh]

ontwortelen (een boom)	изкоренявам	[izkorenʲávam]
kappen (een boom ~)	сека	[seká]
ontbossen (ww)	изсичам	[issítʃam]
stronk (de)	пън (м)	[pən]

kampvuur (het)	клада (ж)	[kláda]
bosbrand (de)	пожар (м)	[poʒár]
blussen (ww)	загасявам	[zagasʲávam]
boswachter (de)	горски пазач (м)	[górski pazátʃ]

bescherming (de)	опазване (c)	[opázvane]
beschermen	опазвам	[opázvam]
(bijv. de natuur ~)		
stroper (de)	бракониер (м)	[brakoniér]
val (de)	капан (м)	[kapán]

| plukken (vruchten, enz.) | събирам | [səbíram] |
| verdwalen (de weg kwijt zijn) | загубя се | [zagúbʲa se] |

171. Natuurlijke hulpbronnen

natuurlijke rijkdommen (mv.)	природни ресурси (м мн)	[priródni resúrsi]
delfstoffen (mv.)	полезни изкопаеми (с мн)	[polézni iskopáemi]
lagen (mv.)	залежи (мн)	[zaléʒi]
veld (bijv. olie~)	находище (c)	[nahódiʃte]

winnen (uit erts ~)	добивам	[dobívam]
winning (de)	добиване (c)	[dobívane]
erts (het)	руда (ж)	[rudá]
mijn (bijv. kolenmijn)	рудник (м)	[rúdnik]
mijnschacht (de)	шахта (ж)	[ʃáhta]
mijnwerker (de)	миньор (м)	[minʲór]

| gas (het) | газ (м) | [gas] |
| gasleiding (de) | газопровод (м) | [gazoprovót] |

olie (aardolie)	нефт (м)	[neft]
olieleiding (de)	нефтопровод (м)	[neftoprovót]
oliebron (de)	нефтена кула (ж)	[néftena kúla]
boortoren (de)	сондажна кула (ж)	[sondáʒna kúla]
tanker (de)	танкер (м)	[tánker]

zand (het)	пясък (м)	[pʲásək]
kalksteen (de)	варовик (м)	[varóvik]
grind (het)	дребен чакъл (м)	[drében tʃakə́l]
veen (het)	торф (м)	[torf]
klei (de)	глина (ж)	[glína]
steenkool (de)	въглища (мн)	[végliʃta]

ijzer (het)	желязо (c)	[ʒelʲázo]
goud (het)	злато (c)	[zláto]
zilver (het)	сребро (c)	[srebró]
nikkel (het)	никел (м)	[níkel]
koper (het)	мед (ж)	[met]

zink (het)	цинк (м)	[tsink]
mangaan (het)	манган (м)	[mangán]
kwik (het)	живак (м)	[ʒivák]
lood (het)	олово (c)	[olóvo]

mineraal (het)	минерал (м)	[minerál]
kristal (het)	кристал (м)	[kristál]
marmer (het)	мрамор (м)	[mrámor]
uraan (het)	уран (м)	[urán]

De Aarde. Deel 2

172. Weer

weer (het)	време (с)	[vréme]
weersvoorspelling (de)	прогноза (ж) за времето	[prognóza za vrémeto]
temperatuur (de)	температура (ж)	[temperatúra]
thermometer (de)	термометър (м)	[termométər]
barometer (de)	барометър (м)	[barométər]
vochtig (bn)	влажен	[vláʒen]
vochtigheid (de)	влажност (ж)	[vláʒnost]
hitte (de)	пек (м)	[pek]
heet (bn)	горещ	[goréʃt]
het is heet	горещо	[goréʃto]
het is warm	топло	[tóplo]
warm (bn)	топъл	[tópəl]
het is koud	студено	[studéno]
koud (bn)	студен	[studén]
zon (de)	слънце (с)	[slə́ntse]
schijnen (de zon)	грея	[gréja]
zonnig (~e dag)	слънчев	[slə́nʧev]
opgaan (ov. de zon)	изгрея	[izgréja]
ondergaan (ww)	заляза	[zalʲáza]
wolk (de)	облак (м)	[óblak]
bewolkt (bn)	облачен	[óblaʧen]
regenwolk (de)	голям облак (м)	[golʲám óblak]
somber (bn)	навъсен	[navésen]
regen (de)	дъжд (м)	[dəʒt]
het regent	вали дъжд	[valí dəʒt]
regenachtig (bn)	дъждовен	[dəʒdóven]
motregenen (ww)	ръмя	[rəmʲá]
plensbui (de)	пороен дъжд (м)	[poróen dəʒt]
stortbui (de)	порой (м)	[porój]
hard (bn)	силен	[sílen]
plas (de)	локва (ж)	[lókva]
nat worden (ww)	намокря се	[namókrʲa se]
mist (de)	мъгла (ж)	[məglá]
mistig (bn)	мъглив	[məglíf]
sneeuw (de)	сняг (м)	[snʲak]
het sneeuwt	вали сняг	[valí snʲak]

173. Zwaar weer. Natuurrampen

noodweer (storm)	гръмотевична буря (ж)	[grəmotévitʃna búri'a]
bliksem (de)	мълния (ж)	[mélnija]
flitsen (ww)	блясвам	[bl'ásvam]

donder (de)	гръм (м)	[grəm]
donderen (ww)	гърмя	[gərmi'á]
het dondert	гърми	[gərmí]

| hagel (de) | градушка (ж) | [gradúʃka] |
| het hagelt | пада градушка | [páda gradúʃka] |

| overstromen (ww) | потопя | [potopi'á] |
| overstroming (de) | наводнение (с) | [navodnénie] |

aardbeving (de)	земетресение (с)	[zemetresénie]
aardschok (de)	трус (м)	[trus]
epicentrum (het)	епицентър (м)	[epitséntər]

| uitbarsting (de) | изригване (с) | [izrígvane] |
| lava (de) | лава (ж) | [láva] |

| wervelwind, windhoos (de) | торнадо (с) | [tornádo] |
| tyfoon (de) | тайфун (м) | [tajfún] |

orkaan (de)	ураган (м)	[uragán]
storm (de)	буря (ж)	[búri'a]
tsunami (de)	цунами (с)	[tsunámi]

cycloon (de)	циклон (м)	[tsiklón]
onweer (het)	лошо време (с)	[lóʃo vréme]
brand (de)	пожар (м)	[poʒár]
ramp (de)	катастрофа (ж)	[katastrófa]
meteoriet (de)	метеорит (м)	[meteorít]

lawine (de)	лавина (ж)	[lavína]
sneeuwverschuiving (de)	лавина (ж)	[lavína]
sneeuwjacht (de)	виелица (ж)	[viélitsa]
sneeuwstorm (de)	снежна буря (ж)	[snéʒna búri'a]

Fauna

174. Zoogdieren. Roofdieren

roofdier (het)	хищник (м)	[híʃtnik]
tijger (de)	тигър (м)	[tígər]
leeuw (de)	лъв (м)	[ləv]
wolf (de)	вълк (м)	[vəlk]
vos (de)	лисица (ж)	[lisítsa]
jaguar (de)	ягуар (м)	[jaguár]
luipaard (de)	леопард (м)	[leopárt]
jachtluipaard (de)	гепард (м)	[gepárt]
panter (de)	пантера (ж)	[pantéra]
poema (de)	пума (ж)	[púma]
sneeuwluipaard (de)	снежен барс (м)	[snéʒen bars]
lynx (de)	рис (м)	[ris]
coyote (de)	койот (м)	[kojót]
jakhals (de)	чакал (м)	[ʧakál]
hyena (de)	хиена (ж)	[hiéna]

175. Wilde dieren

dier (het)	животно (с)	[ʒivótno]
beest (het)	звяр (м)	[zvʲar]
eekhoorn (de)	катерица (ж)	[káteritsa]
egel (de)	таралеж (м)	[taraléʒ]
haas (de)	заек (м)	[záek]
konijn (het)	питомен заек (м)	[pítomen záek]
das (de)	язовец (м)	[jázovets]
wasbeer (de)	енот (м)	[enót]
hamster (de)	хамстер (м)	[hámster]
marmot (de)	мармот (м)	[marmót]
mol (de)	къртица (ж)	[kərtítsa]
muis (de)	мишка (ж)	[míʃka]
rat (de)	плъх (м)	[pləh]
vleermuis (de)	прилеп (м)	[prílep]
hermelijn (de)	хермелин (м)	[hermelín]
sabeldier (het)	самур (м)	[samúr]
marter (de)	бялка (ж)	[bʲálka]
wezel (de)	невестулка (ж)	[nevestúlka]
nerts (de)	норка (ж)	[nórka]

| bever (de) | бобър (м) | [bóbər] |
| otter (de) | видра (ж) | [vídra] |

paard (het)	кон (м)	[kon]
eland (de)	лос (м)	[los]
hert (het)	елен (м)	[elén]
kameel (de)	камила (ж)	[kamíla]

bizon (de)	бизон (м)	[bizón]
wisent (de)	зубър (м)	[zúbər]
buffel (de)	бивол (м)	[bívol]

zebra (de)	зебра (ж)	[zébra]
antilope (de)	антилопа (ж)	[antilópa]
ree (de)	сърна (ж)	[sərná]
damhert (het)	лопатар (м)	[lopatár]
gems (de)	сърна (ж)	[sərná]
everzwijn (het)	глиган (м)	[gligán]

walvis (de)	кит (м)	[kit]
rob (de)	тюлен (м)	[tʲulén]
walrus (de)	морж (м)	[morʒ]
zeebeer (de)	морска котка (ж)	[mórska kótka]
dolfijn (de)	делфин (м)	[delfín]

beer (de)	мечка (ж)	[métʃka]
ijsbeer (de)	бяла мечка (ж)	[bʲála métʃka]
panda (de)	панда (ж)	[pánda]

aap (de)	маймуна (ж)	[majmúna]
chimpansee (de)	шимпанзе (с)	[ʃimpanzé]
orang-oetan (de)	орангутан (м)	[orangután]
gorilla (de)	горила (ж)	[goríla]
makaak (de)	макак (м)	[makák]
gibbon (de)	гибон (м)	[gibón]

olifant (de)	слон (м)	[slon]
neushoorn (de)	носорог (м)	[nosorók]
giraffe (de)	жираф (м)	[ʒiráf]
nijlpaard (het)	хипопотам (м)	[hipopotám]

| kangoeroe (de) | кенгуру (с) | [kénguru] |
| koala (de) | коала (ж) | [koála] |

mangoest (de)	мангуста (ж)	[mangústa]
chinchilla (de)	чинчила (ж)	[tʃintʃíla]
stinkdier (het)	скунс (м)	[skuns]
stekelvarken (het)	бодливец (м)	[bodlívets]

176. Huisdieren

poes (de)	котка (ж)	[kótka]
kater (de)	котарак (м)	[kotarák]
paard (het)	кон (м)	[kon]

| hengst (de) | жребец (м) | [ʒrebéts] |
| merrie (de) | кобила (ж) | [kobíla] |

koe (de)	крава (ж)	[kráva]
bul, stier (de)	бик (м)	[bik]
os (de)	вол (м)	[vol]

schaap (het)	овца (ж)	[ovtsá]
ram (de)	овен (м)	[ovén]
geit (de)	коза (ж)	[kozá]
bok (de)	козел (м)	[kozél]

| ezel (de) | магаре (с) | [magáre] |
| muilezel (de) | муле (с) | [múle] |

varken (het)	свиня (ж)	[svinʲá]
biggetje (het)	прасе (с)	[prasé]
konijn (het)	питомен заек (м)	[pítomen záek]

| kip (de) | кокошка (ж) | [kokóʃka] |
| haan (de) | петел (м) | [petél] |

eend (de)	патица (ж)	[pátitsa]
woerd (de)	паток (м)	[patók]
gans (de)	гъсок (м)	[gəsók]

| kalkoen haan (de) | пуяк (м) | [pújak] |
| kalkoen (de) | пуйка (ж) | [pújka] |

huisdieren (mv.)	домашни животни (с мн)	[domáʃni ʒivótni]
tam (bijv. hamster)	питомен	[pítomen]
temmen (tam maken)	опитомявам	[opitomʲávam]
fokken (bijv. paarden ~)	отглеждам	[otgléʒdam]

boerderij (de)	ферма (ж)	[férma]
gevogelte (het)	домашна птица (ж)	[domáʃna ptítsa]
rundvee (het)	добитък (м)	[dobítək]
kudde (de)	стадо (с)	[stádo]

paardenstal (de)	обор (м)	[obór]
zwijnenstal (de)	кочина (ж)	[kótʃina]
koeienstal (de)	краварник (м)	[kravárnik]
konijnenhok (het)	зайчарник (м)	[zajtʃárnik]
kippenhok (het)	курник (м)	[kúrnik]

177. Honden. Hondenrassen

hond (de)	куче (с)	[kútʃe]
herdershond (de)	овчарско куче (с)	[oftʃársko kútʃe]
Duitse herdershond (de)	немска овчарка (ж)	[némska oftʃárka]
poedel (de)	пудел (м)	[púdel]
teckel (de)	дакел (м)	[dákel]
buldog (de)	булдог (м)	[buldók]
boxer (de)	боксер (м)	[boksér]

mastiff (de)	мастиф (м)	[mastíf]
rottweiler (de)	ротвайлер (м)	[rotvájler]
doberman (de)	доберман (м)	[dóberman]

basset (de)	басет (м)	[báset]
bobtail (de)	бобтейл (м)	[bóbtejl]
dalmatièr (de)	далматинец (м)	[dalmatinéts]
cockerspaniël (de)	кокер шпаньол (м)	[kóker ʃpanʲól]

Newfoundlander (de)	нюфаундленд (м)	[nʲufáundlend]
sint-bernard (de)	санбернар (м)	[sanbernár]

husky (de)	сибирско хъски (с)	[sibírsko héski]
chowchow (de)	чау-чау (с)	[tʃáu-tʃáu]
spits (de)	шпиц (м)	[ʃpits]
mopshond (de)	мопс (м)	[mops]

178. Dierengeluiden

geblaf (het)	лай (м)	[laj]
blaffen (ww)	лая	[lája]
miauwen (ww)	мяукам	[mʲaúkam]
spinnen (katten)	мъркам	[mə́rkam]

loeien (ov. een koe)	муча	[mutʃá]
brullen (stier)	рева	[revá]
grommen (ov. de honden)	ръмжа	[rəmʒá]

gehuil (het)	вой (м)	[voj]
huilen (wolf, enz.)	вия	[víja]
janken (ov. een hond)	скимтя	[skimtʲá]

mekkeren (schapen)	блея	[bléja]
knorren (varkens)	грухтя	[gruhtʲá]
gillen (bijv. varken)	врещя	[vreʃtʲá]

kwaken (kikvorsen)	крякам	[krʲákam]
zoemen (hommel, enz.)	бръмча	[brəmtʃá]
tjirpen (sprinkhanen)	цвърча	[tsvərtʃá]

179. Vogels

vogel (de)	птица (ж)	[ptítsa]
duif (de)	гълъб (м)	[gə́ləp]
mus (de)	врабче (с)	[vrabtʃé]
koolmees (de)	синигер (м)	[sinigér]
ekster (de)	сврака (ж)	[svráka]

raaf (de)	гарван (м)	[gárvan]
kraai (de)	врана (ж)	[vrána]
kauw (de)	гарга (ж)	[gárga]
roek (de)	полски гарван (м)	[pólski gárvan]

eend (de)	патица (ж)	[pátitsa]
gans (de)	гъсок (м)	[gəsók]
fazant (de)	фазан (м)	[fazán]
arend (de)	орел (м)	[orél]
havik (de)	ястреб (м)	[jástrep]
valk (de)	сокол (м)	[sokól]
gier (de)	гриф (м)	[grif]
condor (de)	кондор (м)	[kondór]
zwaan (de)	лебед (м)	[lébet]
kraanvogel (de)	жерав (м)	[ʒérav]
ooievaar (de)	щъркел (м)	[ʃtérkel]
papegaai (de)	папагал (м)	[papagál]
kolibrie (de)	колибри (с)	[kolíbri]
pauw (de)	паун (м)	[paún]
struisvogel (de)	щраус (м)	[ʃtráus]
reiger (de)	чапла (ж)	[tʃápla]
flamingo (de)	фламинго (с)	[flamíngo]
pelikaan (de)	пеликан (м)	[pelikán]
nachtegaal (de)	славей (м)	[slávej]
zwaluw (de)	лястовица (ж)	[lʲástovitsa]
lijster (de)	дрозд (м)	[drozd]
zanglijster (de)	поен дрозд (м)	[póen drozd]
merel (de)	кос, черен дрозд (м)	[kos], [tʃéren drozd]
gierzwaluw (de)	бързолет (м)	[bərzolét]
leeuwerik (de)	чучулига (ж)	[tʃutʃulíga]
kwartel (de)	пъдпъдък (м)	[pədpədék]
specht (de)	кълвач (м)	[kəlvátʃ]
koekoek (de)	кукувица (ж)	[kúkuvitsa]
uil (de)	сова (ж)	[sóva]
oehoe (de)	бухал (м)	[búhal]
auerhoen (het)	глухар (м)	[gluhár]
korhoen (het)	тетрев (м)	[tétrev]
patrijs (de)	яребица (ж)	[járebitsa]
spreeuw (de)	скорец (м)	[skoréts]
kanarie (de)	канарче (с)	[kanártʃe]
hazelhoen (het)	лещарка (ж)	[leʃtárka]
vink (de)	чинка (ж)	[tʃínka]
goudvink (de)	червенушка (ж)	[tʃervenúʃka]
meeuw (de)	чайка (ж)	[tʃájka]
albatros (de)	албатрос (м)	[albatrós]
pinguïn (de)	пингвин (м)	[pingvín]

180. Vogels. Zingen en geluiden

fluiten, zingen (ww)	пея	[péja]
schreeuwen (dieren, vogels)	кряскам	[krʲáskam]

T&P Books. Thematische woordenschat Nederlands-Bulgaars - 7000 woorden

| kraaien (ov. een haan) | кукуригам | [kukurígam] |
| kukeleku | кукуригу | [kukurígu] |

klokken (hen)	кудкудякам	[kutkudʲákam]
krassen (kraai)	грача	[grátʃa]
kwaken (eend)	крякам	[krʲákam]
piepen (kuiken)	пищя	[piʃtʲá]
tjilpen (bijv. een mus)	чуруликам	[tʃurulíkam]

181. Vis. Zeedieren

brasem (de)	платика (ж)	[platíka]
karper (de)	шаран (м)	[ʃarán]
baars (de)	костур (м)	[kostúr]
meerval (de)	сом (м)	[som]
snoek (de)	щука (ж)	[ʃtúka]

| zalm (de) | сьомга (ж) | [sʲómga] |
| steur (de) | есетра (ж) | [esétra] |

| haring (de) | селда (ж) | [sélda] |
| atlantische zalm (de) | сьомга (ж) | [sʲómga] |

| makreel (de) | скумрия (ж) | [skumríja] |
| platvis (de) | калкан (м) | [kalkán] |

| snoekbaars (de) | бяла риба (ж) | [bʲála ríba] |
| kabeljauw (de) | треска (ж) | [tréska] |

| tonijn (de) | риба тон (м) | [ríba ton] |
| forel (de) | пъстърва (ж) | [pəstérva] |

| paling (de) | змиорка (ж) | [zmiórka] |
| sidderrog (de) | електрически скат (м) | [elektrítʃeski skat] |

| murene (de) | мурена (ж) | [muréna] |
| piranha (de) | пираня (ж) | [piránʲa] |

haai (de)	акула (ж)	[akúla]
dolfijn (de)	делфин (м)	[delfín]
walvis (de)	кит (м)	[kit]

krab (de)	морски рак (м)	[mórski rak]
kwal (de)	медуза (ж)	[medúza]
octopus (de)	октопод (м)	[oktopót]

zeester (de)	морска звезда (ж)	[mórska zvezdá]
zee-egel (de)	морски таралеж (м)	[mórski taraléʒ]
zeepaardje (het)	морско конче (с)	[mórsko kóntʃe]

oester (de)	стрида (ж)	[strída]
garnaal (de)	скарида (ж)	[skarída]
kreeft (de)	омар (м)	[omár]
langoest (de)	лангуста (ж)	[langústa]

169

182. Amfibieën. Reptielen

slang (de)	змия (ж)	[zmijá]
giftig (slang)	отровен	[otróven]
adder (de)	усойница (ж)	[usójnitsa]
cobra (de)	кобра (ж)	[kóbra]
python (de)	питон (м)	[pitón]
boa (de)	боа (ж)	[boá]
ringslang (de)	смок (м)	[smok]
ratelslang (de)	гърмяща змия (ж)	[gərmˈáʃta zmijá]
anaconda (de)	анаконда (ж)	[anakónda]
hagedis (de)	гущер (м)	[gúʃter]
leguaan (de)	игуана (ж)	[iguána]
varaan (de)	варан (м)	[varán]
salamander (de)	саламандър (м)	[salamándər]
kameleon (de)	хамелеон (м)	[hameleón]
schorpioen (de)	скорпион (м)	[skorpión]
schildpad (de)	костенурка (ж)	[kostenúrka]
kikker (de)	водна жаба (ж)	[vódna ʒába]
pad (de)	жаба (ж)	[ʒába]
krokodil (de)	крокодил (м)	[krokodíl]

183. Insecten

insect (het)	насекомо (с)	[nasekómo]
vlinder (de)	пеперуда (ж)	[peperúda]
mier (de)	мравка (ж)	[mráfka]
vlieg (de)	муха (ж)	[muhá]
mug (de)	комар (м)	[komár]
kever (de)	бръмбар (м)	[brə́mbar]
wesp (de)	оса (ж)	[osá]
bij (de)	пчела (ж)	[ptʃelá]
hommel (de)	земна пчела (ж)	[zémna ptʃelá]
horzel (de)	щръклица (ж), овод (м)	[ʃtréklitsa], [óvot]
spin (de)	паяк (м)	[pájak]
spinnenweb (het)	паяжина (ж)	[pájaʒina]
libel (de)	водно конче (с)	[vódno kóntʃe]
sprinkhaan (de)	скакалец (м)	[skakaléts]
nachtvlinder (de)	нощна пеперуда (ж)	[nóʃtna peperúda]
kakkerlak (de)	хлебарка (ж)	[hlebárka]
teek (de)	кърлеж (м)	[kə́rleʃ]
vlo (de)	бълха (ж)	[bəlhá]
kriebelmug (de)	мушица (ж)	[muʃítsa]
treksprinkhaan (de)	прелетен скакалец (м)	[préleten skakaléts]
slak (de)	охлюв (м)	[óhlˈuf]

krekel (de)	щурец (м)	[ʃturéts]
glimworm (de)	светулка (ж)	[svetúlka]
lieveheersbeestje (het)	калинка (ж)	[kalínka]
meikever (de)	майски бръмбар (м)	[májski brémbar]

bloedzuiger (de)	пиявица (ж)	[pijávitsa]
rups (de)	гъсеница (ж)	[gəsénitsa]
aardworm (de)	червей (м)	[ʧérvej]
larve (de)	буба (ж)	[búba]

184. Dieren. Lichaamsdelen

snavel (de)	клюн (м)	[klʲun]
vleugels (mv.)	криле (мн)	[krilé]
poot (ov. een vogel)	крак (м)	[krak]
verenkleed (het)	перушина (ж)	[peruʃina]
veer (de)	перо (с)	[peró]
kuifje (het)	качул (с)	[katʃúl]

kieuwen (mv.)	хриле (с)	[hrilé]
kuit, dril (de)	хайвер (м)	[hajvér]
larve (de)	личинка (ж)	[lítʃinka]
vin (de)	перка (ж)	[pérka]
schubben (mv.)	люспа (ж)	[lʲúspa]

slagtand (de)	зъб (м)	[zəp]
poot (bijv. ~ van een kat)	лапа (ж)	[lápa]
muil (de)	муцуна (ж)	[mutsúna]
bek (mond van dieren)	уста (ж)	[ustá]
staart (de)	опашка (ж)	[opáʃka]
snorharen (mv.)	мустаци (м мн)	[mustátsi]

| hoef (de) | копито (с) | [kopíto] |
| hoorn (de) | рог (м) | [rok] |

schild (schildpad, enz.)	черупка (ж)	[ʧerúpka]
schelp (de)	мида (ж)	[mída]
eierschaal (de)	черупка (ж)	[ʧerúpka]

| vacht (de) | козина (ж) | [kózina] |
| huid (de) | кожа (ж) | [kóʒa] |

185. Dieren. Leefomgevingen

| leefgebied (het) | среда (ж) на обитаване | [sredá na obitávane] |
| migratie (de) | миграция (ж) | [migrátsija] |

berg (de)	планина (ж)	[planiná]
rif (het)	риф (м)	[rif]
klip (de)	скала (ж)	[skalá]
bos (het)	гора (ж)	[gorá]
jungle (de)	джунгла (ж)	[dʒúngla]

171

| savanne (de) | савана (ж) | [savána] |
| toendra (de) | тундра (ж) | [túndra] |

steppe (de)	степ (ж)	[step]
woestijn (de)	пустиня (ж)	[pustínʲa]
oase (de)	оазис (м)	[oázis]

zee (de)	море (с)	[moré]
meer (het)	езеро (с)	[ézero]
oceaan (de)	океан (м)	[okeán]

moeras (het)	блато (с)	[bláto]
zoetwater- (abn)	сладководен	[slatkovóden]
vijver (de)	изкуствен вир (м)	[iskústven vir]
rivier (de)	река (ж)	[reká]

berenhol (het)	бърлога (ж)	[bərlóga]
nest (het)	гнездо (с)	[gnezdó]
boom holte (de)	хралупа (ж)	[hralúpa]
hol (het)	дупка (ж)	[dúpka]
mierenhoop (de)	мравуняк (м)	[mravúnʲak]

Flora

186. Bomen

boom (de)	дърво (с)	[dərvó]
loof- (abn)	широколистно	[ʃirokolístno]
dennen- (abn)	иглолистно	[iglolístno]
groenblijvend (bn)	вечнозелено	[vetʃnozeléno]
appelboom (de)	ябълка (ж)	[jábəlka]
perenboom (de)	круша (ж)	[krúʃa]
zoete kers (de)	череша (ж)	[tʃeréʃa]
zure kers (de)	вишна (ж)	[víʃna]
pruimelaar (de)	слива (ж)	[slíva]
berk (de)	бреза (ж)	[brezá]
eik (de)	дъб (м)	[dəp]
linde (de)	липа (ж)	[lipá]
esp (de)	трепетлика (ж)	[trepetlíka]
esdoorn (de)	клен (м)	[klen]
spar (de)	ела (ж)	[elá]
den (de)	бор (м)	[bor]
lariks (de)	лиственица (ж)	[lístvenitsa]
zilverspar (de)	бяла ела (ж)	[b'ála elá]
ceder (de)	кедър (м)	[kédər]
populier (de)	топола (ж)	[topóla]
lijsterbes (de)	офика (ж)	[ofíka]
wilg (de)	върба (ж)	[vərbá]
els (de)	елша (ж)	[elʃá]
beuk (de)	бук (м)	[buk]
iep (de)	бряст (м)	[br'ast]
es (de)	ясен (м)	[jásen]
kastanje (de)	кестен (м)	[késten]
magnolia (de)	магнолия (ж)	[magnólija]
palm (de)	палма (ж)	[pálma]
cipres (de)	кипарис (м)	[kiparís]
mangrove (de)	мангрово дърво (с)	[mangrovo dərvó]
baobab (apenbroodboom)	баобаб (м)	[baobáp]
eucalyptus (de)	евкалипт (м)	[efkalípt]
mammoetboom (de)	секвоя (ж)	[sekvója]

187. Heesters

struik (de)	храст (м)	[hrast]
heester (de)	храсталак (м)	[hrastalák]

wijnstok (de)	грозде (c)	[grózde]
wijngaard (de)	лозе (c)	[lóze]

frambozenstruik (de)	малина (ж)	[malína]
zwarte bes (de)	черно френско грозде (c)	[t͡ʃérno frénsko grózde]
rode bessenstruik (de)	червено френско грозде (c)	[t͡ʃervéno frénsko grózde]
kruisbessenstruik (de)	цариградско грозде (c)	[tsarigrátsko grózde]

acacia (de)	акация (ж)	[akátsija]
zuurbes (de)	кисел трън (м)	[kísel trən]
jasmijn (de)	жасмин (м)	[ʒasmín]

jeneverbes (de)	хвойна, смрика (ж)	[hvójna], [smríka]
rozenstruik (de)	розов храст (м)	[rózov hrast]
hondsroos (de)	шипка (ж)	[ʃípka]

188. Champignons

paddenstoel (de)	гъба (ж)	[gə́ba]
eetbare paddenstoel (de)	ядлива гъба (ж)	[jadlíva gə́ba]
giftige paddenstoel (de)	отровна гъба (ж)	[otróvna gə́ba]
hoed (de)	шапка (ж)	[ʃápka]
steel (de)	пънче (c)	[pə́nt͡ʃe]

eekhoorntjesbrood (het)	манатарка (ж)	[manatárka]
rosse populierboleet (de)	червена брезовка (ж)	[t͡ʃervéna brézofka]
berkenboleet (de)	брезова манатарка (ж)	[brézova manatárka]
cantharel (de)	пачи крак (м)	[pát͡ʃi krak]
russula (de)	гълъбка (ж)	[gə́ləpka]

morielje (de)	пумпалка (ж)	[púmpalka]
vliegenzwam (de)	мухоморка (ж)	[muhomórka]
groene knolamaniet (de)	зелена мухоморка (ж)	[zeléna muhómorka]

189. Vruchten. Bessen

vrucht (de)	плод (м)	[plot]
vruchten (mv.)	плодове (м мн)	[plodové]
appel (de)	ябълка (ж)	[jábəlka]
peer (de)	круша (ж)	[krúʃa]
pruim (de)	слива (ж)	[slíva]

aardbei (de)	ягода (ж)	[jágoda]
zure kers (de)	вишна (ж)	[víʃna]
zoete kers (de)	череша (ж)	[t͡ʃeréʃa]
druif (de)	грозде (c)	[grózde]

framboos (de)	малина (ж)	[malína]
zwarte bes (de)	черно френско грозде (c)	[t͡ʃérno frénsko grózde]
rode bes (de)	червено френско грозде (c)	[t͡ʃervéno frénsko grózde]

| kruisbes (de) | цариградско грозде (c) | [tsarigrátsko grózde] |
| veenbes (de) | клюква (ж) | [klʲúkva] |

sinaasappel (de)	портокал (м)	[portokál]
mandarijn (de)	мандарина (ж)	[mandarína]
ananas (de)	ананас (м)	[ananás]
banaan (de)	банан (м)	[banán]
dadel (de)	фурма (ж)	[furmá]

citroen (de)	лимон (м)	[limón]
abrikoos (de)	кайсия (ж)	[kajsíja]
perzik (de)	праскова (ж)	[práskova]
kiwi (de)	киви (c)	[kívi]
grapefruit (de)	грейпфрут (м)	[gréjpfrut]

bes (de)	горски плод (м)	[górski plot]
bessen (mv.)	горски плодове (м мн)	[górski plodové]
vossenbes (de)	червена боровинка (ж)	[tʃervéna borovínka]
bosaardbei (de)	горска ягода (ж)	[górska jágoda]
blauwe bosbes (de)	черна боровинка (ж)	[tʃérna borovínka]

190. Bloemen. Planten

| bloem (de) | цвете (c) | [tsvéte] |
| boeket (het) | букет (м) | [bukét] |

roos (de)	роза (ж)	[róza]
tulp (de)	лале (c)	[lalé]
anjer (de)	карамфил (м)	[karamfíl]
gladiool (de)	гладиола (ж)	[gladióla]

korenbloem (de)	метличина (ж)	[metlitʃína]
klokje (het)	камбанка (ж)	[kambánka]
paardenbloem (de)	глухарче (c)	[gluhártʃe]
kamille (de)	лайка (ж)	[lájka]

aloè (de)	алое (c)	[alóe]
cactus (de)	кактус (м)	[káktus]
ficus (de)	фикус (м)	[fíkus]

lelie (de)	лилиум (м)	[lílium]
geranium (de)	мушкато (c)	[muʃkáto]
hyacint (de)	зюмбюл (м)	[zʲúmbʲúl]

mimosa (de)	мимоза (ж)	[mimóza]
narcis (de)	нарцис (м)	[nartsís]
Oost-Indische kers (de)	латинка (ж)	[latínka]

orchidee (de)	орхидея (ж)	[orhidéja]
pioenroos (de)	божур (м)	[boʒúr]
viooltje (het)	теменуга (ж)	[temenúga]

| driekleurig viooltje (het) | трицветна теменуга (ж) | [tritsvétna temenúga] |
| vergeet-mij-nietje (het) | незабравка (ж) | [nezabráfka] |

175

madeliefje (het)	маргаритка (ж)	[margarítka]
papaver (de)	мак (м)	[mak]
hennep (de)	коноп (м)	[konóp]
munt (de)	мента (ж)	[ménta]

lelietje-van-dalen (het)	момина сълза (ж)	[mómina səlzá]
sneeuwklokje (het)	кокиче (с)	[kokítʃe]

brandnetel (de)	коприва (ж)	[kopríva]
veldzuring (de)	киселец (м)	[kíselets]
waterlelie (de)	водна лилия (ж)	[vódna lílija]
varen (de)	папрат (м)	[páprat]
korstmos (het)	лишей (м)	[líʃej]

oranjerie (de)	оранжерия (ж)	[oranʒérija]
gazon (het)	тревна площ (ж)	[trévna ploʃt]
bloemperk (het)	цветна леха (ж)	[tsvétna lehá]

plant (de)	растение (с)	[rasténie]
gras (het)	трева (ж)	[trevá]
graspriet (de)	тревичка (ж)	[trevítʃka]

blad (het)	лист (м)	[list]
bloemblad (het)	венчелистче (с)	[ventʃelísttʃe]
stengel (de)	стъбло (с)	[stəbló]
knol (de)	грудка (ж)	[grútka]

scheut (de)	кълн (м)	[kəln]
doorn (de)	бодил (м)	[bodíl]

bloeien (ww)	цъфтя	[tsəftʲá]
verwelken (ww)	увяхвам	[uvʲáhvam]
geur (de)	мирис (м)	[míris]
snijden (bijv. bloemen ~)	отрежа	[otréʒa]
plukken (bloemen ~)	откъсна	[otkésna]

191. Granen, graankorrels

graan (het)	зърно (с)	[zérno]
graangewassen (mv.)	житни култури (ж мн)	[ʒítni kultúri]
aar (de)	клас (м)	[klas]

tarwe (de)	пшеница (ж)	[pʃenítsa]
rogge (de)	ръж (ж)	[rəʒ]
haver (de)	овес (м)	[ovés]
gierst (de)	просо (с)	[prosó]
gerst (de)	ечемик (м)	[etʃemík]

maïs (de)	царевица (ж)	[tsárevitsa]
rijst (de)	ориз (м)	[oríz]
boekweit (de)	елда (ж)	[élda]

erwt (de)	грах (м)	[grah]
nierboon (de)	фасул (м)	[fasúl]

soja (de)	соя (ж)	[sója]
linze (de)	леща (ж)	[léʃta]
bonen (mv.)	боб (м)	[bop]

REGIONALE AARDRIJKSKUNDE

Landen. Nationaliteiten

192. Politiek. Overheid. Deel 1

politiek (de)	политика (ж)	[politíka]
politiek (bn)	политически	[politítʃeski]
politicus (de)	политик (м)	[politík]
staat (land)	държава (ж)	[dərʒáva]
burger (de)	гражданин (м)	[gráʒdanin]
staatsburgerschap (het)	гражданство (с)	[gráʒdanstvo]
nationaal wapen (het)	национален герб (м)	[natsionálen gerp]
volkslied (het)	държавен химн (м)	[dərʒáven himn]
regering (de)	правителство (с)	[pravítelstvo]
staatshoofd (het)	държавен глава (м)	[dərʒáven glavá]
parlement (het)	парламент (м)	[parlamént]
partij (de)	партия (ж)	[pártija]
kapitalisme (het)	капитализъм (м)	[kapitalízəm]
kapitalistisch (bn)	капиталистически	[kapitalistítʃeski]
socialisme (het)	социализъм (м)	[sotsialízəm]
socialistisch (bn)	социалистически	[sotsialistítʃeski]
communisme (het)	комунизъм (м)	[komunízəm]
communistisch (bn)	комунистически	[komunistítʃeski]
communist (de)	комунист (м)	[komuníst]
democratie (de)	демокрация (ж)	[demokrátsija]
democraat (de)	демократ (м)	[demokrát]
democratisch (bn)	демократически	[demokratítʃeski]
democratische partij (de)	демократическа партия (ж)	[demokratítʃeska pártija]
liberaal (de)	либерал (м)	[liberál]
liberaal (bn)	либерален	[liberálen]
conservator (de)	консерватор (м)	[konservátor]
conservatief (bn)	консервативен	[konservatíven]
republiek (de)	република (ж)	[repúblika]
republikein (de)	републиканец (м)	[republikánets]
Republikeinse Partij (de)	републиканска партия (ж)	[republikánska pártija]
verkiezing (de)	избори (мн)	[ízbori]
kiezen (ww)	избирам	[izbíram]

kiezer (de)	избирател (м)	[izbirátel]
verkiezingscampagne (de)	избирателна кампания (ж)	[izbirátelna kampánija]
stemming (de)	гласуване (с)	[glasúvane]
stemmen (ww)	гласувам	[glasúvam]
stemrecht (het)	право (с) на глас	[právo na glas]
kandidaat (de)	кандидат (м)	[kandidát]
zich kandideren	балотирам се	[balotíram se]
campagne (de)	кампания (ж)	[kampánija]
oppositie- (abn)	опозиционен	[opozitsiónen]
oppositie (de)	опозиция (ж)	[opozítsija]
bezoek (het)	визита (ж)	[vizíta]
officieel bezoek (het)	официална визита (ж)	[ofitsiálna vizíta]
internationaal (bn)	международен	[meʒdunaróden]
onderhandelingen (mv.)	преговори (мн)	[prégovori]
onderhandelen (ww)	водя преговори	[vódʲa prégovori]

193. Politiek. Overheid. Deel 2

maatschappij (de)	общество (с)	[obʃtestvó]
grondwet (de)	конституция (ж)	[konstitútsija]
macht (politieke ~)	власт (ж)	[vlast]
corruptie (de)	корупция (ж)	[korúptsija]
wet (de)	закон (м)	[zakón]
wettelijk (bn)	законен	[zakónen]
rechtvaardigheid (de)	справедливост (ж)	[spravedlívost]
rechtvaardig (bn)	справедлив	[spravedlív]
comité (het)	комитет (м)	[komitét]
wetsvoorstel (het)	законопроект (м)	[zakonoproékt]
begroting (de)	бюджет (м)	[bʲudʒét]
beleid (het)	политика (ж)	[politíka]
hervorming (de)	реформа (ж)	[refórma]
radicaal (bn)	радикален	[radikálen]
macht (vermogen)	сила (ж)	[síla]
machtig (bn)	силен	[sílen]
aanhanger (de)	привърженик (м)	[privárʒenik]
invloed (de)	влияние (с)	[vlijánie]
regime (het)	режим (м)	[reʒím]
conflict (het)	конфликт (м)	[konflíkt]
samenzwering (de)	заговор (м)	[zágovor]
provocatie (de)	провокация (ж)	[provokátsija]
omverwerpen (ww)	сваля	[svalʲá]
omverwerping (de)	сваляне (с)	[sválʲane]
revolutie (de)	революция (ж)	[revolʲútsija]

staatsgreep (de)	преврат (м)	[prevrát]
militaire coup (de)	военен преврат (м)	[voénen prevrát]

crisis (de)	криза (ж)	[kríza]
economische recessie (de)	икономически спад (м)	[ikonomítʃeski spat]
betoger (de)	демонстрант (м)	[demonstránt]
betoging (de)	демонстрация (ж)	[demonstrátsija]
krijgswet (de)	военно положение (с)	[voénno poloʒénie]
militaire basis (de)	база (ж)	[báza]

stabiliteit (de)	стабилност (ж)	[stabílnost]
stabiel (bn)	стабилен	[stabílen]

uitbuiting (de)	експлоатация (ж)	[eksploatátsija]
uitbuiten (ww)	експлоатирам	[eksploatíram]

racisme (het)	расизъм (м)	[rasízəm]
racist (de)	расист (м)	[rasíst]
fascisme (het)	фашизъм (м)	[faʃízəm]
fascist (de)	фашист (м)	[faʃíst]

194. Landen. Diversen

vreemdeling (de)	чужденец (м)	[tʃuʒdenéts]
buitenlands (bn)	чуждестранен	[tʃuʒdestránen]
in het buitenland (bw)	в чужбина	[v tʃuʒbína]

emigrant (de)	емигрант (м)	[emigránt]
emigratie (de)	емиграция (ж)	[emigrátsija]
emigreren (ww)	емигрирам	[emigríram]

Westen (het)	Запад	[zápat]
Oosten (het)	Изток	[ístok]
Verre Oosten (het)	Далечният Изток	[dalétʃnijat ístok]

beschaving (de)	цивилизация (ж)	[tsivilizátsija]
mensheid (de)	човечество (с)	[tʃovétʃestvo]
wereld (de)	свят (м)	[svʲat]
vrede (de)	мир (м)	[mir]
wereld- (abn)	световен	[svetóven]

vaderland (het)	родина (ж)	[rodína]
volk (het)	народ (м)	[narót]
bevolking (de)	население (с)	[naselénie]
mensen (mv.)	хора (мн)	[hóra]
natie (de)	нация (ж)	[nátsija]
generatie (de)	поколение (с)	[pokolénie]

gebied (bijv. bezette ~en)	територия (ж)	[teritórija]
regio, streek (de)	регион (м)	[región]
deelstaat (de)	щат (м)	[ʃtat]

traditie (de)	традиция (ж)	[tradítsija]
gewoonte (de)	обичай (м)	[obitʃáj]

ecologie (de)	екология (ж)	[ekológija]
Indiaan (de)	индианец (м)	[indiánets]
zigeuner (de)	циганин (м)	[tsíganin]
zigeunerin (de)	циганка (ж)	[tsíganka]
zigeuner- (abn)	цигански	[tsíganski]

rijk (het)	империя (ж)	[impérija]
kolonie (de)	колония (ж)	[kolónija]
slavernij (de)	робство (с)	[rópstvo]
invasie (de)	нашествие (с)	[naʃéstvie]
hongersnood (de)	глад (м)	[glat]

195. Grote religieuze groepen. Bekentenissen

| religie (de) | религия (ж) | [relígija] |
| religieus (bn) | религиозен | [religiózen] |

geloof (het)	вяра (ж)	[vʲára]
geloven (ww)	вярвам	[vʲárvam]
gelovige (de)	вярващ (м)	[vʲárvaʃt]

| atheïsme (het) | атеизъм (м) | [ateízəm] |
| atheïst (de) | атеист (м) | [ateíst] |

christendom (het)	християнство (с)	[hristijánstvo]
christen (de)	християнин (м)	[hristijánin]
christelijk (bn)	християнски	[hristijánski]

katholicisme (het)	Католицизъм (м)	[katolitsízəm]
katholiek (de)	католик (м)	[katolík]
katholiek (bn)	католически	[katolíʧeski]

protestantisme (het)	протестантство (с)	[protestántstvo]
Protestante Kerk (de)	протестантска църква (ж)	[protestántska tsérkva]
protestant (de)	протестант (м)	[protestánt]

orthodoxie (de)	Православие (с)	[pravoslávie]
Orthodoxe Kerk (de)	Православна църква (ж)	[pravoslávna tsérkva]
orthodox	православен	[pravosláven]

presbyterianisme (het)	Презвитерианство (с)	[prezviteriánstvo]
Presbyteriaanse Kerk (de)	Презвитерианска църква (ж)	[prezviteriánska tsérkva]
presbyteriaan (de)	презвитерианец (м)	[prezviteriánets]

| lutheranisme (het) | Лютеранска църква (ж) | [lʲuteránska tsérkva] |
| lutheraan (de) | лютеран (м) | [lʲuterán] |

| baptisme (het) | Баптизъм (м) | [baptízəm] |
| baptist (de) | баптист (м) | [baptíst] |

Anglicaanse Kerk (de)	Англиканска църква (ж)	[anglikánska tsérkva]
anglicaan (de)	англиканец (м)	[anglikánets]
mormonisme (het)	мормонство (с)	[mormónstvo]

mormoon (de)	мормон (м)	[mormón]
Jodendom (het)	Юдаизъм (м)	[judaízəm]
jood (aanhanger van het Jodendom)	юдей (м)	[judéj]

| boeddhisme (het) | Будизъм (м) | [budízəm] |
| boeddhist (de) | будист (м) | [budíst] |

| hindoeïsme (het) | Индуизъм (м) | [induízəm] |
| hindoe (de) | индус (м) | [indús] |

islam (de)	Ислям (м)	[islʲám]
islamiet (de)	мюсюлманин (м)	[mʲusʲulmánin]
islamitisch (bn)	мюсюлмански	[mʲusʲulmánski]

| sjiisme (het) | шиизъм (м) | [ʃiízəm] |
| sjiiet (de) | шиит (м) | [ʃiít] |

| soennisme (het) | сунизъм (м) | [sunízəm] |
| soenniet (de) | сунит (м) | [sunít] |

196. Religies. Priesters

| priester (de) | свещеник (м) | [sveʃténik] |
| paus (de) | Папа Римски (м) | [pápa rímski] |

monnik (de)	монах (м)	[monáh]
non (de)	монахиня (ж)	[monahínʲa]
pastoor (de)	пастор (м)	[pástor]

abt (de)	абат (м)	[abát]
vicaris (de)	викарий (м)	[vikárij]
bisschop (de)	епископ (м)	[episkóp]
kardinaal (de)	кардинал (м)	[kardinál]

predikant (de)	проповедник (м)	[propovédnik]
preek (de)	проповед (м)	[própovet]
kerkgangers (mv.)	енориаши (мн)	[enoriáʃi]

| gelovige (de) | вярващ (м) | [vʲárvaʃt] |
| atheïst (de) | атеист (м) | [ateíst] |

197. Geloof. Christendom. Islam

| Adam | Адам | [adám] |
| Eva | Ева | [éva] |

God (de)	Бог	[bok]
Heer (de)	Господ	[góspot]
Almachtige (de)	Всемогъщ	[fsemogéʃt]
zonde (de)	грях (м)	[grʲah]
zondigen (ww)	греша	[greʃá]

| zondaar (de) | грешник (м) | [gréʃnik] |
| zondares (de) | грешница (ж) | [gréʃnitsa] |

| hel (de) | ад (м) | [at] |
| paradijs (het) | рай (м) | [raj] |

| Jezus | Исус | [isús] |
| Jezus Christus | Исус Христос | [isús hristós] |

Heilige Geest (de)	Светия Дух	[svetíja duh]
Verlosser (de)	Спасител	[spasítel]
Maagd Maria (de)	Богородица	[bogoróditsa]

duivel (de)	Дявол	[dʲávol]
duivels (bn)	дяволски	[dʲávolski]
Satan	Сатана	[sataná]
satanisch (bn)	сатанински	[satanínski]

engel (de)	ангел (м)	[ángel]
beschermengel (de)	ангел-пазител (м)	[ángel-pazítel]
engelachtig (bn)	ангелски	[ángelski]

apostel (de)	апостол (м)	[apóstol]
aartsengel (de)	архангел (м)	[arhángel]
antichrist (de)	антихрист (м)	[antíhrist]

Kerk (de)	Църква (ж)	[tsérkva]
bijbel (de)	библия (ж)	[bíblija]
bijbels (bn)	библейски	[bibléjski]

Oude Testament (het)	Стария Завет (м)	[stárija zavét]
Nieuwe Testament (het)	Новия Завет (м)	[nóvija zavét]
evangelie (het)	Евангелие (с)	[evángelie]
Heilige Schrift (de)	Свещено Писание (с)	[sveʃténo pisánie]
Hemel, Hemelrijk (de)	Небе (с)	[nebé]

gebod (het)	заповед (ж)	[zápovet]
profeet (de)	пророк (м)	[prorók]
profetie (de)	пророчество (с)	[prorótʃestvo]

Allah	Алах	[aláh]
Mohammed	Мохамед	[mohamét]
Koran (de)	Коран	[korán]

moskee (de)	джамия (ж)	[dʒamíja]
moellah (de)	молла (м)	[mollá]
gebed (het)	молитва (ж)	[molítva]
bidden (ww)	моля се	[mólʲa se]

pelgrimstocht (de)	поклонничество (с)	[poklónnitʃestvo]
pelgrim (de)	поклонник (м)	[poklónnik]
Mekka	Мека	[méka]

kerk (de)	църква (ж)	[tsérkva]
tempel (de)	храм (м)	[hram]
kathedraal (de)	катедрала (ж)	[katedrála]

gotisch (bn)	готически	[gotítʃeski]
synagoge (de)	синагога (ж)	[sinagóga]
moskee (de)	джамия (ж)	[dʒamíja]

kapel (de)	параклис (м)	[paráklis]
abdij (de)	абатство (с)	[abátstvo]
nonnenklooster (het)	манастир (м)	[manastír]
mannenklooster (het)	манастир (м)	[manastír]

klok (de)	камбана (ж)	[kambána]
klokkentoren (de)	камбанария (ж)	[kambanaríja]
luiden (klokken)	бия	[bíja]

kruis (het)	кръст (м)	[krəst]
koepel (de)	купол (м)	[kúpol]
icoon (de)	икона (ж)	[ikóna]

ziel (de)	душа (ж)	[duʃá]
lot, noodlot (het)	съдба (ж)	[sədbá]
kwaad (het)	зло (с)	[zlo]
goed (het)	добро (с)	[dobró]

vampier (de)	вампир (м)	[vampír]
heks (de)	вещица (ж)	[véʃtitsa]
demoon (de)	демон (м)	[démon]
geest (de)	дух (м)	[duh]

verzoeningsleer (de)	изкупление (с)	[iskuplénie]
vrijkopen (ww)	изкупя	[iskúpʲa]

mis (de)	служба (ж)	[slúʒba]
de mis opdragen	служа	[slúʒa]
biecht (de)	изповед (ж)	[íspovet]
biechten (ww)	изповядвам се	[ispovʲádvam se]

heilige (de)	светец (м)	[svetéts]
heilig (bn)	свещен	[sveʃtén]
wijwater (het)	света вода (ж)	[svetá vodá]

ritueel (het)	ритуал (м)	[rituál]
ritueel (bn)	ритуален	[rituálen]
offerande (de)	жертвоприношение (с)	[ʒertvoprinoʃénie]

bijgeloof (het)	суеверие (с)	[suevérie]
bijgelovig (bn)	суеверен	[suevéren]
hiernamaals (het)	задгробен живот (м)	[zadgróben ʒivót]
eeuwige leven (het)	вечен живот (м)	[vétʃen ʒivót]

DIVERSEN

198. Diverse nuttige woorden

achtergrond (de)	фон (м)	[fon]
balans (de)	баланс (м)	[baláns]
basis (de)	база (ж)	[báza]
begin (het)	начало (с)	[natʃálo]
beurt (wie is aan de ~?)	ред (м)	[ret]

categorie (de)	категория (ж)	[kategórija]
comfortabel (~ bed, enz.)	удобен	[udóben]
compensatie (de)	компенсация (ж)	[kompensátsija]
deel (gedeelte)	част (ж)	[tʃast]

deeltje (het)	частица (ж)	[tʃastítsa]
ding (object, voorwerp)	вещ (ж)	[veʃt]
dringend (bn, urgent)	срочен	[srótʃen]
dringend (bw, met spoed)	срочно	[srótʃno]
effect (het)	ефект (м)	[efékt]

eigenschap (kwaliteit)	свойство (с)	[svójstvo]
einde (het)	край (м)	[kraj]
element (het)	елемент (м)	[elemént]
feit (het)	факт (м)	[fakt]
fout (de)	грешка (ж)	[gréʃka]

geheim (het)	тайна (ж)	[tájna]
graad (mate)	степен (ж)	[stépen]
groei (ontwikkeling)	ръст (м)	[rest]
hindernis (de)	преграда (ж)	[pregráda]
hinderpaal (de)	пречка (ж)	[prétʃka]

hulp (de)	помощ (ж)	[pómoʃt]
ideaal (het)	идеал (м)	[ideál]
inspanning (de)	усилие (с)	[usílie]
keuze (een grote ~)	избор (м)	[ízbor]
labyrint (het)	лабиринт (м)	[labirínt]

manier (de)	начин (м)	[nátʃin]
moment (het)	момент (м)	[momént]
nut (bruikbaarheid)	полза (ж)	[pólza]
onderscheid (het)	различие (с)	[razlítʃie]

ontwikkeling (de)	развитие (с)	[razvítie]
oplossing (de)	решение (с)	[reʃénie]
origineel (het)	оригинал (м)	[originál]
pauze (de)	пауза (ж)	[páuza]
positie (de)	позиция (ж)	[pozítsija]
principe (het)	принцип (м)	[príntsip]

probleem (het)	проблем (м)	[problém]
proces (het)	процес (м)	[protsés]
reactie (de)	реакция (ж)	[reáktsija]

reden (om ~ van)	причина (ж)	[pritʃína]
risico (het)	риск (м)	[risk]
samenvallen (het)	съвпадение (с)	[səfpadénie]
serie (de)	серия (ж)	[sérija]

situatie (de)	ситуация (ж)	[situátsija]
soort (bijv. ~ sport)	вид (м)	[vit]
standaard (bn)	стандартен	[standárten]
standaard (de)	стандарт (м)	[standárt]
stijl (de)	стил (м)	[stil]

stop (korte onderbreking)	почивка (ж)	[potʃífka]
systeem (het)	система (ж)	[sistéma]
tabel (bijv. ~ van Mendelejev)	таблица (ж)	[táblitsa]
tempo (langzaam ~)	темпо (с)	[témpo]
term (medische ~en)	термин (м)	[términ]

type (soort)	тип (м)	[tip]
variant (de)	вариант (м)	[variánt]
veelvuldig (bn)	чест	[tʃest]
vergelijking (de)	сравнение (с)	[sravnénie]
voorbeeld (het goede ~)	пример (м)	[prímer]

voortgang (de)	прогрес (м)	[progrés]
voorwerp (ding)	обект (м)	[obékt]
vorm (uiterlijke ~)	форма (ж)	[fórma]
waarheid (de)	истина (ж)	[ístina]
zone (de)	зона (ж)	[zóna]

www.ingramcontent.com/pod-product-compliance
Lightning Source LLC
LaVergne TN
LVHW022316080426
835509LV00037B/3168